贏家格局

自我尊重 × 果敢應對 × 抓住機遇 × 善用時間

擺脫失敗的 17 項人生建議，奧里森·馬登談成功者

U0075126

奧里森·馬登 著
郭繼麟 譯

「如果想要獲得成功，就必須期望成功，
如果找不到一條出路，那麼就創造一條吧！」

人生之遠景 × 成功的代價 × 道德的勇氣 × 現實的力量，
失敗並非因缺點尚未發現，而是對自身才華視而不見！

目錄

CONTENTS

第一章　成功為人

將人類自身的成功天性展現出來，這應是我們前進的一個
方向。

怎樣才算是一匹優秀的馬呢？答案是一匹充分釋放天性的馬。將人類自身的成功天性展現出來，這應是我們前進的一個方向。如果一本書沒有讓我們獲得這方面的知識，那麼，這就是一個錯誤的人生指引。

希羅多德[001]曾說：「人類這種動物的數量是龐大的，但是，真正意義上的人，則是稀少的。」

什麼是做人的氣概呢？如何方可稱為一個成功之人？學習如何對自身行為的價值進行判斷，這難道不應該是人生學習的第一堂課程嗎？難道真正的成功不是與此息息相關嗎？

難道精神的純淨、憐憫之心的推及、洞察力的深入以及透過現象看本質的常識，與人生的活動或是成功沒有關聯嗎？如果真的如此，那麼，我們人類也不免太可悲了。

難道真誠的性情、忠實地履行自己的諾言、全身心投入的精神，這些不是衡量真正成功的標準嗎？世上只有來去無蹤的風，才會將朝秦暮楚的人視為成功的人。

人與低等動物之間的區別，在於前者具有一種道德性。達爾文說過：「良心的驅動，與我們自身的愧疚之情及責任感相連。這是我們異於動物最大的不同點。」這只是我們在人生早期所見的另一種闡述方式：上帝在創造人類的時候，融入了自己的影子。

那麼，當我們再去問諸如何謂成功這個問題時，答案在於道德層面上。一匹優秀的馬，必然在其種族中有稱得上優秀的特質，讓牠不同於其他的動物。如果我們不發展自身的道德水準 —— 這是我們不同於其他動

001　希羅多德（Herodotus，約西元前 484- 西元前 425），古希臘作家，他把旅行中的所聞所見，以及阿契美尼德波斯帝國的歷史記錄下來，著成《歷史》。

物的唯一標準,那麼我們豈能大談成功呢?

最近出版的歷史學家吉朋的一封書信。在信中,吉朋[002] 就自己最近到洛桑拜訪的查爾斯·詹姆士·福克斯[003] 作了深入的研究。在整篇信件中,吉朋熱情洋溢地描述著與福克斯的對話,但在結尾處卻用一種深深遺憾的口吻質問,點出了福克斯本身的不足。「難道福克斯從來就不知道品行的重要性嗎?」

從某個層面上說,福克斯無疑是他那個時代最為傑出的英國作家。在演講口才方面,風頭一時無可匹敵。他是一個具有廣闊視野的政治家,他的仁慈超過了那個時代的桎梏。他強烈倡議廢除奴隸貿易,頂著自己強大政治對手皮特 (William Pitt) 的反對。雖然在政治的鬥爭中起伏不定,險象環生,但他仍能保持樂觀豁達的性格,沒有結下任何私人恩怨。但是讓人跌破眼鏡的,是他在私人生活的所作所為。私底下,他是一個頗為優柔寡斷的人,一個賭徒,一個十足的酒鬼,絲毫不顧及自身所背負的道德義務。結果,他逐漸失去了國民的信任。看到自己不斷被一些能力平平的人,甚至是能力遠遜於自己的人上位,他的內心倍感屈辱。其實,這些人的確沒有什麼才幹,但是卻有一定的道德品格。

人們時常談到的成功,實際上是由精力、堅忍所組成的。其他一些零碎的暫且不提。誠然,這三種特質確實可以帶給人們成功。但是,很多人只是擁有其中的一種能力,深受缺乏其他兩種的拖累之苦。拿破崙是擁有這三種特質的罕見之人,這讓他成為了一個勇於進取、無所畏懼與堅定不移的人。歷史上還沒有出現過像他這樣富含天才與軍事才華的人,也沒有

002　吉朋 (Gibbon,即愛德華·吉朋,1737-1794),代表作《羅馬帝國衰亡史》(*The History of the Decline and Fall of the Roman Empire*)。

003　查爾斯·詹姆士·福克斯 (Charles James Fox, 1749-1806),英國著名政治家。

哪個統帥能獲得如此之多的幫助，贏取這麼多的追隨者。但是，這位不可一世、威震四方的人，在到處焚毀城市，揮霍珍寶，讓生靈塗炭，讓歐洲為之顫抖之後，得到的是一個怎樣的結果？他的窮兵黷武讓法國疆土更小、民眾的生活更差、國力更加衰微。一位法國作家曾這樣描述：「當拿破崙大帝死亡的消息在巴黎到處流傳的時候，在巴黎皇宮前，一個人在大聲地呼喊著『這就是波拿巴死亡的下場！』而這就是當年那位振臂一呼，讓整個歐洲為之驚慌，讓人們的臉色為之惶恐的拿破崙所獲得的待遇。我走進幾間咖啡廳，看到人們臉上幾乎一致的冷漠表情 —— 一副無所謂的神色。沒有人為此顯得焦躁或是傷感。這個曾經將歐洲踏在腳下、讓世界顫抖的人，卻無法獲得自己國民的愛戴。他以自己無與倫比的才華在世界的歷史上留下深深的痕跡，讓人們時常在回味的時候仍覺得不可思議。但這一切的得來，卻沒有一絲愛的成分。」愛默生曾這樣說：「拿破崙是一個『命定之人』。他將自身的才華發揮到了極致，毫不顧及人類所存在的道德原則。他本人其實就是一個例子，闡明了即便是在最佳的環境下，一個人可以在毫無良心驅使的情況下，最大限度地發揮自身的才華的道理。最終讓他功敗垂成的，不是他的敵人，而是事物的一種本質，人類與世間的一種永恆不變的法則。在往後的歲月中，類似的仿效，都將無一例外獲得同樣失敗的下場。」

半個多世紀之前，一群擁護共和制與建國者理想的學生聚集在哈佛大學。其中的一個學生是查爾斯・索姆奈[004]。他一生高尚與光明磊落的事業生涯，對每個有志於政壇之人都是一種激勵。他與溫・菲力浦一樣，都是出身於家境優渥、富於盛名的家族。他覺得生活應該有一個目標，應讓自己的人生服務於人類。索姆奈說：「服務人們，這比巴亞德用武力征服更

---

004 查爾斯・索姆奈（Charles Sumner, 1811-1874），美國麻州的政治家與律師。

為高尚。」

麻州人民很快就意識到，年輕的索姆奈能夠帶給人心靈的震撼。在一場場向錯誤鬥爭的過程中，索姆奈成為了他們的代表，成為代表民眾心聲的人。

一位朋友在選舉臨近時曾對他說：「去成為一名立法機構的成員吧。雖然人們對此感到懷疑。善待自己的影響力吧！」索姆奈回答說：「絕不。我將前往劍橋，在這場選舉塵埃落定之前，任何立法會成員都將見不到我。」

這位來自羅德島的年輕人寫下了一封向品行致敬的著名讚歌。查爾斯‧索姆奈耗盡一生精力完成的著名演講《論國家自由與地方奴隸制》，就值得羅德島州人民永遠銘記。他說：「我自己並沒有刻意去爭取或是被欲望所驅使，就成為了一名國會議員。之前，我並沒有擔任過任何公職。在我的個人生活中，獲得了許多的機會，對此我深為感激。在我的墓碑上，就刻上這樣的話語吧：『這裡埋葬著一位沒有名氣與錢財的人，只是為自己的同胞做了一點事而已。』在我的一生中，我沒有計較過自己的榮辱得失。為了相信我的人民，以及人們賜予我的議員職務，我將鞠躬盡瘁。我希望自己的一生都可以成為人民的公僕。」在索姆奈逝去的那日裡，3月的麻州，教堂的鐘聲從波士頓傳來，被赤褐色山巒包圍的小城裡，長號奏出哀樂，「審判的讚歌」則發出莊嚴肅穆的音樂。在一個夕陽緩緩西下的黃昏，查爾斯‧索姆奈的靈柩被安放於墓穴。是的，他找到了一種比巴亞德更為高尚的方式，征服了人心。在他的一生中，他知曉了這個簡單的真理，在臨死前他道出了這個真理：品行大過天。

比徹[005]曾說，我們每個人都是在建造一座讓靈魂永遠安息的聖殿 —— 但是，每個人的建造能力與用心程度的差異是多麼巨大啊！

某人見到鄰居請人將一些建築材料聚集起來，他就問鄰居：「你在建造什麼呢？」鄰居說：「我也不清楚啊。我也是走一步算一步，悉聽天命了。」牆一磚一磚地疊起來了，房間一間緊鄰一間。而鄰居則在一旁漠然地看著，所有的旁觀者都在大叫：此人愚不可及！但這就是很多人營造屬於自身美德時的真實寫照。只是在不斷地增加房子，毫無計畫與目標，缺乏遠景，急切地想看到效果。

我們有時會說，性格是一種產物。但是這種產物在哪些方面屬於外在環境影響呢？又在那些地方是受內在因素影響？簡而言之，性格的形成直接受我們的意志影響多深呢？

關於環境對性格的影響，眾說紛紜。一般而言，環境對孩子性格的發展的確有著不容忽視的作用。

在一些博物館中，我們可以看到化石，上面殘存著人類出現之前雨點的痕跡，還有在遠古時期，一些野生鳥類留在沙灘上的印記。不斷地沖刷以及淺淺的足跡在慢慢的沉澱之中留下了印記。無數個世紀過去了，這些沉澱固化為化石，而痕跡則依然如故，並且將永久地保存下去。所以，小孩子的性格是那麼具有多向性，那麼容易受各種環境的影響。他們樂於接受新的觀念，珍藏起來，逐漸凝結起來，最後永遠地保存下來。

羅伯特·沃特斯說過，一個國家的地貌對其居民的性格與性情有著極大的影響。生活在多山國家裡的人們，一般都具有樂觀、愉悅的性情；而生活在平原或是單一地貌的人們，則有一種強烈的憂鬱或是悲觀的情感。

---

005 亨利·沃德·比徹 (Henry Ward Beecher, 1813-1887)，美國著名社會改革家與反奴隸制主義者。

例如，生活在阿爾卑斯山脈的人們，特別是居住在蒂羅爾的農民，他們以其樂觀豁達的性情而聞名，養成了一邊工作，一邊唱歌的習慣。實際上，蒂羅爾的民歌的名氣不遜於蘇格蘭民歌。而生活在俄羅斯平原的居民，則是以其悲傷的性情及對生活憂鬱的觀點而聞名。埃蒙德·諾貝爾[006] 在一本關於俄羅斯有趣的書中，有這樣一段精闢的描述：

「彌漫於俄國人們心中的，是一種極為普遍的悲觀情緒。這種情緒充溢於所有的思想層面上，表現在每個圈子或是學校裡。即使是在幅員遼闊的土地上，製造形式不同的鋼筆上，都能看出這種相似之處。在一個社會動盪的時代，這也是國民憂鬱心境的寫照。在俄國，沒有這種悲觀的心境，就好似與這個國家人民的生活失去了連繫，缺乏了共鳴之處，好像自己就是一個異鄉人，或是被某些邪惡的心魔阻礙了自然的天性，遠離了這棵國家大樹的正常生長趨勢。任何影響與具有歷史影響的事件都對此有推波助瀾的作用。一望無盡單調的山川景色，缺乏自由民主的體制，加之拜占庭式風格所帶來的殘忍之氣與毫無仁慈的專制，一個新生政權面臨的沉重財政負擔，自身與歐洲文明的對比，個人主義價值觀被摧殘得體無完膚，任何在別國存在的讓人富含公民精神的健康活動在這裡都被取締，思想與行為的桎梏，國家機器營造出的歡樂祥和 —— 此上種種，催生了俄國人這種憂鬱的心理狀態，直至今日。現在，悲觀可以說是俄國人思想中一種正常狀態下的存在。」

但是，真正讓人感到不可思議的，是國民存在的一種心理活動。蘇格蘭只有三百五十萬國民，領土也不過三萬一千平方公里，但相比於人口過億、幅員遼闊的俄羅斯，蘇格蘭在藝術與文學領域上傑出的人才的數量，

006　埃蒙德·諾貝爾 (Edmund Noble, 1853-1937)，英裔美國作家、哲學家。

卻是俄國的二十多倍。也許，這就不能說是因為某國多山或是景色秀麗，另一國則是景色單調，地面缺乏起伏所致。而是因為，一國的人民所處一種自由的狀態，而另一國的民眾處於一種被奴役的狀態。但究竟是什麼讓蘇格蘭的人們覺得自由，而俄國人卻覺得受奴役呢？難道不是因為大山的雄偉壯麗激發人性中的勇敢的天性，讓人獲得一種獨立感，不懼危險，熱愛自由？難道不是因為多山的國家養育了身強體壯、體格健碩的人，心智健全，更傾向於人文思想或是按照人的情感去做事？常住在山裡的人從小就習慣了去面對危險與困難，從懸崖往下看，心不驚眼不眨，跨越岩石，更是健步如飛；不懼猛烈的暴風雨或是咆哮的洪流；而住在平原地帶的人們，生活在一個與海平面相當的地域，幾乎沒有特別險阻的事情需要為之操心，所以，身心也得不到鍛鍊，身心的發展會停滯不前。

　　以上是對居住在平原與山脈地域人們生活的比喻式的闡述。一個人是強是弱，與其出生的環境甚有關係，但是造就一個高尚的心卻與環境的關係不大。在惡劣的環境中，我們仍可活出生活的精彩。

　　伊恩‧麥克拉倫[007]說：「在我們這個國家裡，有不少大型的製造工廠，裡面有著大型的機械裝備，煙囪總是在不斷地釋放出黑色的濃煙，汙染著大氣。這些工廠生產出一些色澤極為亮麗的地毯，讓你的眼睛為之昏眩，但是，很快也就失去其亮麗了。而遠在東方一些貧苦的小屋裡，一位工人在一針一線地繡著，身邊擺著許多顏色的線。他已經忙活了幾年了，當他最終完成時，展示每一平方公尺上極為美麗的顏色與巧奪天工的手藝。在我們這個國家裡，這可以賣個很好的價錢，這張地毯直到孫輩們看了，還是會覺得那麼亮麗與新穎。巨型機械的隆隆聲、輪軸的旋轉、雜訊、黑煙

007　伊恩‧麥克拉倫（Ian Maclaren, 1850-1907），蘇格蘭作家、神學家。

與一個工人在被世人遺忘的角落安靜的一針一線，反差巨大。」

「你怎麼聞起來這麼芳香呢？」波斯詩人薩迪（Saadi Shirazi）問一塊泥土。「芳香並不是源於我自身，而是我一直與玫瑰在一起，它生長在我這塊泥土之上。」泥土回答說。

大仲馬說：「當我發現自己是黑色皮膚的時候，我就下定決心，要像一個白人那樣活。我要讓人們不再議論我是何種膚色的。」

「這個世界無時無刻不在呼喊著『拯救我們的人在何處呢？』」大仲馬說，「我們需要這個人！不要在別處找尋這個人了。你已經緊緊地握著他的手了。這個人就是你自己，是我，是我們每個人！如何讓自己成為拯救自己的人呢？如果你不知道如何思想，世上無易事；若你知曉如何思想，世上無難事。」

約翰‧史都華‧彌爾[008] 說：「儘管我們難逃環境對自身的塑造，我們自身的欲望卻可以改變自身所處的環境。在一顆真正自由的心中，讓人為之歡呼與雀躍的，就是我們擁有改變自身性格的能力。我們的意志可以改變自身所處的環境，改變我們日後的習性或是思想的厚度。」

不在擁擠大街的喧鬧，
不在人群的咆哮或是掌聲，
成與敗，在我們。

---

008 約翰‧史都華‧彌爾（John Stuart Mill, 1806-1873），英國著名哲學家和經濟學家。

第二章 人生之遠景

理想主義者是充滿想像力、富含希望的、洋溢著生氣與能量的。他能看到未來的遠景，勇於夢想，生活在一個充滿希望、幸福的世界，不斷散發著活力。

「如果你與一個真正有才能的人展開真誠的交談，不論你多麼敬佩他，他始終都會覺得自己還遠遠沒有實現心中的目標。那個更為美好與漂浮的理想，難道不是造物者許下的永恆諾言？」愛默生這樣說。

一個人自由地徜徉於理想之中，這是一種榮耀與極大的特權。我們每個人都有屬於自己的理想。這個理想可能通往山頂，讓人超脫於現實的桎梏，也可能是一個毫無價值與低俗的理想，讓人停滯不前，墮向不可知的深淵。「人之所想，人之所為。」

迪恩·法拉爾[009]說：「如果我們能看到未來的顏色，那麼，我們現在就必須要看到。如果我們想注視命運的星辰，就必須要在自己的心中找尋。」

約翰·米爾頓（John Milton）在兒時就夢想著有朝一日可以成就一篇史詩般的詩歌，不被滾滾的歲月所湮沒。兒時這個虛無縹緲的夢想，在青年時期已經變得堅不可摧。他透過學習、旅行，走過了艱難的歲月，直至成年。這個人生的遠景始終留在他的心坎裡。耄耋之年，雙眼失明，詩人終於實現了自己兒時的夢想。洋溢著英雄氣概的詩歌〈失樂園〉（*Paradise Lost*），穿過了漫漫歲月的洪流，至今仍為人們傳誦。「仍舊指引著最高的夢想」，這位不朽的詩人在淺唱低吟著。正是這個夢想，讓他超越了布滿陰翳的生活。

愛默生[010]在給年輕人建議時這樣說：「心中要有一顆指引的星星。」他並不是說，我們要將目標定得太高，以致成為水中月、鏡中花。我們要將理想看作一顆星星，時刻在寂寥的晨空中熠熠閃亮，讓我們不斷前進，昇

009　迪恩·法拉爾（Dean Farrar, 1831-1895），英國著名牧師。

010　愛默生（Emerson，即 Ralph Waldo Emerson, 1803-1882），美國思想家、文學家、詩人。

華我們的品行。當我們撇開所有物質上的追求，或是所謂世人眼中成功的標準，我們的第一個理想就要擁有高尚的品格，讓不斷追求完美的精神駐足心間。它發出神諭：你要追求完美，因為在天國的天父也是完美的。只有理想的品格才能收穫真正的成功，而不論從事什麼追求。查爾斯·索姆奈說：「心中要有不息的理想之火，並非一定要成為一名著名的律師、醫生、商人、科學家、製造商或是學者，而是要成為一個好人，做最好的自己。」我們的理想、我們的希冀，就是我們未來命運的預言者。

嚮往光明的善男信女們，長存著希望。這種向上的熱情就好像某一些樹種，有著對陽光天生不可遏制的渴求，讓它們衝破層層阻礙，勇往向前，以一種迂迴的方式漸次上升，繞開一切阻礙，向上爬呀爬，最終到達頂端，俯視著整片森林，仰起驕傲的頭顱，在清新的空氣中，沐浴著陽光，愜意地搖擺。

崇高的理想與果敢的決定是推動世界前進的重要動力。若是沒有了理想與果敢，到哪裡去找偉大的藝術家、傑出的詩人、音樂家、雕刻家、發明家或是科學家呢？諸如南丁格爾[011]、李文斯頓[012]、莫德·巴靈頓·布斯[013]或是喬治·慕勒[014]等將畢生精力奉獻給人類的博愛者將難以尋覓。

崇高理想之人是人類前進的守護者。他們不畏艱險，彎著腰，不顧額前的汗水淋漓，一代一代地前仆後繼，將荊棘劈開，鋪就一條康莊大道，讓歷史進步的車輪飛速奔跑。

理想主義者是充滿想像力、富含希望的，洋溢著生氣與能量的。他能

---

011 南丁格爾（Florence Nightingale, 1820-1910），世界上第一個真正的女護士，開創了護理事業。

012 李文斯頓（Livingstones，即 David Livingston, 1813-1873），蘇格蘭公理會的先驅者。

013 莫德·巴靈頓·布斯（Maud Ballington Booth, 1865-1948），美國救濟會領袖，創辦了全美志願者機構。

014 喬治·慕勒（George Muller, 1805-1898），基督教福音主義者。

看到未來的願景，勇於夢想，生活在一個充滿希望、幸福的世界，不斷散發著活力。正是他們，讓煤炭為人類服務。

對於理想主義者而言，他們就好像「大西洋沖刷海岸時所散發出的泰然與從容」，讓平淡的生活漾起波瀾的，正是背後那股「潛藏的力量」。

埋掉一塊卵石，它將永遠地遵循萬有引力定律了。埋下一顆橡實，它將遵循一種向上的法則，不斷地向天進發。橡實裡潛藏的能量戰勝了地球的誘惑。所有的動植物都有一種向上跳躍與攀爬的趨向。大自然向所有存在之物的耳旁低聲細語：嘿，記得向上啊！而作為萬物之靈的人類，更應有一種「欲與天公試比高」的氣概。

卡萊爾[015]說：「可憐的亞當所希冀的，並不是品嘗美味的食物，而是去做高尚與富含價值的事情，以一個上帝子民的名義實現自己的潛能。指引他如何去做吧，最讓人煩悶無聊的工作，都將燃起熊熊熱情之火。」

菲力浦·布魯克斯[016]說：「當我們全然滿足於自己所處的生活、自己所做的行為、自己所想所思；當我們不再需要時刻在靈魂的大門上敲打，驅使我們為著自身更為高遠的目標奮鬥時，悲傷是難以避免的。原因很簡單，我們是上帝的孩子。真正理想的生活在於一種圓滿，彌漫於生活的每個角落。在事物的表象之下，仍能感受到應有的跳躍。」

喬治·艾略特[017]說：「當我們充實地活著，是不可能放棄對生活的盼望或是願望的。生活中總有一些讓我們覺得美好與善良的東西，值得我們為之追尋。」

015　卡萊爾 (Thomas Carlyle, 1795-1881)，蘇格蘭散文家和歷史學家。
016　菲力浦·布魯克斯 (Phillips Brooks, 1835-1893)，美國教士與作家。
017　喬治·艾略特 (George Eliot, 1819-1880)，英國作家。

「人們永遠也難以達到心中理想的標準。」瑪格麗特·富勒·奧斯索利 [018] 說，「正是不朽的精神讓這個理想的標竿越來越高，讓我們不斷地前進，直至浩渺的未知遠方。」

理想是激勵我們前進不竭的源泉。沒有了理想，任何方向的前進都變得不可能，反而帶來深深的失落之感。金斯利說，世上唯一讓人難以原諒的懦夫行為，就是放棄努力。使自己時刻冥想，而不親自努力去嘗試。讓我們以一種盡善盡美的態度營造我們的靈魂的寢室，仔細地做好計畫，有序地實現心中的理想。

我們切不可誤解為，真正實現理想的人生，只是屬於那些在世上成就了驚天動地偉業的人。一位女裁縫師從早到晚在穿針引線，以自己的努力養活家庭，貧窮的補鞋匠人坐在長凳上認真忙活著。與那些偉人相比，他們也是在真切地實現著自己的理想。

奧利弗·溫德爾·霍姆斯 [019] 說：「一個人所處的位置並不是最重要的，他所前進的方向才是最緊要的。」這就是我們所要為之苦苦追求的理想。真正構成你生活基調的，並不是你所做的工作，而是你所具有的精神狀態。不論你的工作或是地位是否卑微，你仍可做到最好的自己。

從一開始，我們就該認真地捫心自問：我們的理想是什麼呢？我們的步伐指引到何處呢？一個低俗與志趣不高的目標，只能獲取一個「生活中尚值得尊重的位置」。

每個人的靈魂之中，隱藏著上帝的某些理想。在生活的某個時段，我們每個人都會感受到一種震撼，一種對美好行為的嚮往。生命最為高尚的

---

018 瑪格麗特·富勒·奧斯索利 (Margaret Fuller Ossoli, 1810-1850)，美國記者、評論家。
019 奧利弗·溫德爾·霍姆斯 (Oliver Wendell Holmes, 1809-1894)，美國作家、演說家。

清泉，隱逸於做到最好衝動的背後。

　　也許，在今日的美國，最為時尚、最為流行的字眼，非「成功」二字莫屬。這兩個字充斥著所有的新聞報紙與雜誌，讓社會各個階層的人為之狂熱 —— 這兩個字讓人們鋌而走險，將所有的不良行為歸咎於此。美國的孩子從小就接受這種教育，對「成功」更是到達了頂禮膜拜的地步。成功是人們生活中「一切的一切」。在這個詞下面，掩藏著許多人類的罪惡。許多美國年輕人學習的楷模，就是那些身無分文隻身到芝加哥、紐約或是波士頓這樣的大城市闖蕩的人，來時口袋空空如也，死時腰纏萬貫。年輕人將這些人視為成功的榜樣，但是，為什麼不呢？他們看到的世界都是圍繞著金錢而轉，而對他們做什麼或如何獲取金錢一概不管。一個人在死時，倘能留下百萬家財，不管他生前是如何賺取，如何揮霍或是如何積攢，也沒人會去問一句，這個人是否富含才華，視野廣闊，品格是否高尚抑或狹隘、卑鄙甚至邪惡；人們仍會將他的一生歸結為成功。不論此人生前是否想方設法壓榨員工，把自己的財富建立在別人貧窮的基礎之上；不論他是否覬覦鄰居每寸土地，千方百計地搞到手；不論他的孩子在心智上、道德上存在嚴重缺陷，讓自己的家庭遭殃；假如他能留下百萬家財，人們仍會將他的人生視為一種充滿勝利的人生。這種在民間傳揚的成功哲學，讓那些牙牙學語的孩子們耳濡目染，也就不足為奇了。

　　千萬不要教導年輕人將成功視為獲取財富或地位，視為幸福生活的唯一條件。

　　許許多多的善良的男女，他們原本想致力於服務他人，努力幫助老弱病殘，但在現實生活中，他們卻沒有機會讓自己接受教育或是變得富有。其實，即便他們按照世間成功的標準成功了，也是難以保證就可高枕無憂了。許多窮苦的女人，在病房裡度過人生或是做著卑微的工作，但她們所

達到的成功，遠比一些百萬富翁更為高尚。

不要嘗試去追尋難以企及的目標。努力去發展自己，這是在你能力範圍之內的，但是沒有必要強求自己去做自身辦不到的事情。許多人都會有被這樣的幻覺迷惑的經歷，將目標定在自己能力範圍之外，完全超出了自身執行力之外。你可能對於自身才華或是能力充滿信心，但前提就是要有寬廣的自我教育基礎。

一些年輕的男女，初涉社會之時，將理想中的成功僅限於財富的累積或是做一些讓人們為之鼓掌的事情。這是讓人倍感遺憾的。因為，按照這種標準行事，許多人必將是生活的失敗者。

後生之輩，若能與品格高尚者多加接觸，耳濡目染，亦能受益匪淺。父母、朋友、老師，不僅是孩子們模仿的對象，更會對他們形成高尚的理想，產生重要的作用。他們可向孩子們推薦優秀的文學著作，以一種凡事做到最好的熱忱來激勵他們。家長與老師在引導年輕人樹立遠大志向上，具有難以估量的作用。

無論怎樣，朋友、夥伴與榜樣的作用是巨大的！誠然，我們所交的朋友受環境所制約。因此，我們在自己能力範圍之內，小心擇友。

據說，杜格爾德·斯圖爾特[020]將愛的美德，灌輸給了幾代的學生。已故的科伯恩爵士曾說：「對我來說，他的演講就好像打開了通往天國的大門。我感覺自己擁有了靈魂。他那深遠的見解，緩緩流淌於充滿睿智的句子之中，將我帶到了一個更為高遠的世界，全然改變了我的習性。」

每個學生不大可能去挑選自己喜歡的老師，但是每個有靈性的學生，都是可以選擇與自己志趣相投的人交往。

---

020 杜格爾德·斯圖爾特 (Dugald Stewart, 1753-1828)，蘇格蘭哲學家。

　　一個人的理想或是生活方式，是一根牢牢標記一個人視野的繩索。只要理想與生活方式不發生變化，一個人的心智或是生活就不會有多大的波瀾。伊莉莎白·斯圖爾特·菲爾普斯[021]在著作《艾理斯的故事》（*The Story of Avis*）中寫到一個人對「杯子蛋糕有著強烈的興趣」。她想讓所有認識她的人都有一種著迷的感覺，地面上鋪就的辮子形的地毯也是她的一個理想。她做好家務，而在閒置時間裡，則是專心於用各種顏色去將各式各樣的鳥類或是動物，甚至是將一些根本不存在的動物繡在地毯之上。她沒有時間閱讀，參與丈夫與孩子們的消遣與遊戲，也沒有時間去感受時代變遷的脈搏。她的人生，正如其理想一樣，相對而言是微不足道的、狹窄的，沒有給孩子留下一個好的榜樣，沒有給丈夫一個好的陪伴，以及為自己的發展提供空間。

　　沒有遠大的志向，我們就像老鷹難以展翅。我們應該展翅翱翔，志向就是讓我們「乘風破浪，雲遊四方」的雙翅。沒有理想，我們只能在低空盤旋。克利勒博士曾說，達爾文關於老鷹翅膀演化的過程是富有建設性的。老鷹向下俯衝的欲望在有翅膀之前就有了。經過漫長歲月的演化與適應自然，最後擁有了一對強而有力的翅膀，雙翅展開，足有 2 公尺之長，讓牠隨心所欲地向天際翱翔。這帶給我們的教益，就是每一個有意義的試驗與進取意圖都是前進的一部分。每次嘗試都讓老鷹的翅膀更為堅韌。

　　若是失去了對卓越的追求，最高尚的品格都會逐漸墜落。因為，這是所有品格的支柱。對卓越的渴求是上帝的聲音，催促我們不斷完善自己，唯恐我們忘記了上帝的恩賜，再度淪落入野蠻的狀態。這一原則是人類不斷進步的重要推動者，上帝的聲音響徹於人的肺腑之間。正是這種聲音在

021　伊莉莎白·斯圖爾特·菲爾普斯（Elizabeth Stuart Phelps, 1844-1911），美國自傳作家。

我們每次行為中，輕輕呼喚出「對」與「錯」。當造物者按照自身的形象像塑造我們時，我們最高的理想亦不過是上帝賜予的這份禮物。

喬治· A. 戈登牧師[022] 說過：「良好的品行可能會受環境的影響。但是良好品格本身是不會從遺傳中獲得的。這是以每個人的行為一針一線編織而成的美麗織物，以期望與祈禱來構築。理想的願景，果敢為人，希冀與人能有一個更為公正的關係，能與上帝愉悅地交流。正是這些品格，讓到處充滿稜角的社會散發出黃金般的光彩。這與我們忠誠與遠大的志向是分不開的。」

讓自己的人生按照一個完美或是殘缺的模子去塑造，這完全取決於你。若你聰明地做出抉擇，然後堅貞不渝，你將成為一個高尚的人。

---

022 喬治· A. 戈登牧師（Rev George A. Gorden），美國演說家。

第三章　自我尊重

通往失敗的第一步，就是從自我懷疑開始。
如果我們想要獲得成功，就必須要期望成功。

通往失敗的第一步，就是從自我懷疑開始。

我們要教會孩子們去迎接成功的生活，讓他們相信自己可以發掘上天賜予的潛能，就好比橡實最終必將成為一棵巨大的橡樹一般。孩子的成長應該順著這種信念，不斷前進。但卻有不少老師，反其道而行，總是不停地在說，孩子們會無法通過背誦或是考試，而不是給予他們更多的鼓勵，讓他們充滿自信與希望。

無數的例子，都在闡明一個道理：倘若孩子們在早年能夠感受到一點，即他們的父母與老師尊重他們的思想與能力，並且對他們的未來寄予厚望。那麼，他們就可以免去多年在疑惑與恐懼中的獨自探索了。有人依賴我們，相信我們，比起那些毫無期待的人而言，會變得更加可靠，更加努力追求自己的價值。這個事實不斷被一位著名的教學導師所證明。他是負責橄欖球的托馬斯·阿諾德[023]，他讓數以千計的學生避免了一些失禮的異常舉動，因為，這些學生不想讓「這位將他們視為學者或是紳士的老頭子失望」。

如果我們想要獲得成功，就必須期望成功。不要一味地自我懷疑或是發表一些悲觀的言論，讓自己處於一種不和諧的氛圍之中。對失敗的恐懼，對自己能力的擔憂，這讓許多高尚的靈魂離成功總是咫尺之遙。我們要篤信一點，如果找不到一條出路，那麼就創造一條吧，你將會取得成功的。

當一位聰明與有能力的人，表達了自己必將能做到最好的信念時，我們有必要對其給予關注與信心。儘管可能他過去的行為不足以支撐這個論調。

當約翰·卡爾霍恩[024]在耶魯大學就申請入學的問題被一位同學譏笑

023　托馬斯·阿諾德（Thomas Arnold, 1795-1842），英國教育家、歷史學家。

024　約翰·卡爾霍恩（John C. Calhoun, 1782-1850），美國第七任副總統。

時，他反駁道：「什麼？先生？我必須要充分利用時間，這樣我日後才能在國會中實現自己的價值。」當他發表一篇演講時，有人發出了訕笑。他這樣說：「你們有什麼懷疑嗎？我可以向你們保證，如果我不相信自己有能力在未來三年成為國會議員的話，那麼，我今天就會離開這所大學。」

有時，在別人眼中看起來是狂妄的自大，通常只是說話者對自身能力的一種強烈的自信。偉大之人通常都會有這種強烈的自信。華茲華斯（William Wordsworth）在年輕時就敢確定自己日後在英國文學史上的地位，並且毫不掩飾自己的這種想法。但丁也並不羞於預測自己輝煌的未來。克卜勒[025]曾說，同輩人是否看他的書，其實並不重要。「我可以等上一個世紀，讓百年後的讀者去閱讀。為什麼不呢？因為上帝等待我這樣的觀察者，也有上千年了。」凱撒[026]曾對害怕暴風雨的士兵們豪邁地說：「不要害怕！你們跟著的是我──凱撒。你們會擁有他的好運的。」

弗勞德[027]曾這樣寫道：「一棵樹要想開花結果，根系必須要深深扎根土壤。一個人必須要憑藉自己的雙腳站立在這個世界上，尊重自己，不要坐等別人的施捨或是百年一遇的機會。正是在這些基礎之上，我們方可逐漸營造心靈的燈塔。」

艾利司·哈維[028]在試驗縫紉機的時候，忽視了家人與工作，生活在窮苦與悲慘之中，被人們所嘲笑。但是，他對自己能夠取得成功充滿了信心。最終，他給這個世界帶來最富含價值的發明創造。

那些在不信任、嘲笑、沮喪的包圍下，僅憑對自身的信心，突破重圍

---

025 克卜勒（Kepler, 1571-1630），是德國著名的天體物理學家，提出了著名的行星運動三大定律。

026 蓋烏斯·尤利烏斯·凱撒（Julius Caesar, 西元前 100- 西元前 44），羅馬共和國末期傑出的軍事統帥和政治家。

027 弗勞德（Froude，即 James Anthony Froude, 1818-1894），英國歷史學家、作家。

028 艾利司·哈維（Elias Howe, 1819-1867），美國發明家，縫紉機器的先驅。

的人的名單是很長的。這其中包括了塞繆爾·B·摩斯[029]與塞勒斯·W. 菲爾德[030]，還可以追溯到哥倫布，在那之前，也還有許許多多讓世人銘記的名字。

倘若一個人對自己都缺乏充分的尊重，那麼，要想別人對你有高度持久的信心是不現實的。

對於那些不時自貶的人，總是埋怨自己時運不佳、命運多舛，我們並不少見。一個人要是失去了對自己能力的信念，豈能期望成功呢？催眠師能夠在催眠的過程中將一個人的自信奪走，即便你是一位運動員，你也會沒有力氣從椅子上站起來。那些在生活中時常抱怨命運不順，總是覺得成功只是別人的，離自己卻又是那麼遙遠的人；這些人必然是失敗者。因為自信是所有成就的基石。

華盛頓·歐文[031]說過：「心靈健全與自律、有才華的人，必然是社會所極為渴求的。但是，這種能力絕不是由於畏懼外部世界，蝸居在家中，然後期望有所獲得。」

這個世界相信那些相信自己的人，而鄙視畏縮不前的人。因為一個不敢自我確定的人，不相信自己判斷能力的人，總是想著從別人那裡獲得建議，不敢為天下先的人，怎能對他有大的期望呢？

在這個擁擠與競爭激烈的世界，適合畏畏縮縮與猶豫不決的人生存的空間極度狹隘。在今天這個時代，那些想要獲得成功的人，必須要勇於冒險。一心想著走安全路線的人，難以勝出。

正是天性樂觀積極的人，在緊急狀況下仍相信自己有能力去應對的

---

029 塞繆爾·B·摩斯（Samuel F.B. Morse, 1791-1872），美國發明家，發明了電報。
030 塞勒斯·W. 菲爾德（Cyrus W. Field, 1819-1892），美國商人與金融家。
031 華盛頓·歐文（Washington Irving, 1783-1859），美國作家、歷史學家。

人，才能獲得別人的信任。人們之所以愛戴他，因其勇敢與充分的自信。

一般而言，在世上取得非凡成就的人基本上都是那些勇敢、擁有進取心與自信的人。他們勇於從芸芸眾生中踏出勇敢的一步，以一種讓世人詫異的創造性方式脫穎而出。他們對於別人的看法不予理會。他們深諳愛默生當年的忠言：堅持自己，不要模仿。透過人生不斷的累積，必然能將自身的天賦全然地釋放出來。但是照搬別人的想法，你已然失去了一半的智慧。每個人都能做到最好，做到造物主所要求的。

在人生的這場戲劇中，擔任自己喜歡的角色是極為重要的。如果你想扮演一位成功之人，就必須有具備成功人士的心理態度，外在的風度。所以，如果你想成功，這些是必不可少的。

一位敏銳的觀察者在路上可以辨認出那些生活的失敗者。因為他們的腳步沒有力量，徬徨無助的眼神已將內心的惶恐展露無遺；他們的穿著、儀表無不彰顯出他們的無能。他們的每一個動作都是那麼雜亂無章，沒有規律。

另外，透過他們的風度與行為舉止，辨認出成功與有能力的人也是很容易的。如果他是一位領袖，那麼每一步、每個動作都會彰顯出來。他的儀表散發出自信，走起路來，昂首挺胸，給人一種泰然自若的感覺，讓人相信他有能力去做好某件事，獲得好的結果。他那種自信的磁場是成功與才華的一種指標。

世界按照我們對自身的評判來判斷我們，這是很有道理的。自身的價值是自己所創造的，但不能期望世人對我們有過高的評價。

你真能融入社會嗎？人們注視著你的臉與眼睛，審視著你對自己的評價。假如他們給你的是低分的話，那麼他們根本沒有必要去探問，你是否是這樣想的。他們認為，你是與自己生活時間最長的人，你應該比任何人

都更加清楚地知道自身的價值。

　　南森・羅斯柴爾德[032]對湯瑪斯・巴克斯頓[033]說：「我的成功歸咎於一句格言：別人能做之事，我亦能。所以，我能，無限可能。」

　　如果想將自身的潛能發揮到極致，那麼，你就要篤信一點：自己天生就是為成功而製造的，自己必然能夠取得成功，不論有什麼艱難險阻。絕不要讓任何疑惑的陰影闖進我們的心靈。造物者希望你能贏得這場人生的戰鬥。

　　自信擁有將所有機能調動起來、聯合起來的神奇力量。不論一個人多麼才華橫溢，如果他沒有了自信，那麼也是難以發揮出來的；沒有了自信，他就無法將心理活動連繫起來，協調自身的能力，當然也不能取得任何成就。

　　許多人之所以失敗，並非因為他們缺乏對自身缺點的了解，而是因為對自身的才華視而不見。

　　要想在生活中取得成功，自信與能力本身都是極為需要的。假如你還沒有自信的話，那麼最好的獲得方法，就是設想自己已經具備了應對生活所有挑戰的能力，讓自己洋溢著自信。這樣，你不僅能以自己的能力鼓勵別人，更重要的是，你會逐漸地自信起來。

　　相信自己。當別人對你懷疑的時候，你仍可能取得成功；當你對自己懷疑起來，成功就無望了。

　　米爾頓這樣說過：「對我們自身虔誠與適宜的尊重，這是成就值得讚美與富含價值的事業的源泉。」

032　南森・羅斯柴爾德 (Nathan Rothschild, 1777-1836)，英國銀行家、金融家，羅斯柴爾德家族的創始人。

033　湯瑪斯・巴克斯頓 (Thomas Buxton, 1812-1880)，南方聯盟 (1861-1865) 政治家。

第四章　自我鞭策

在生活的每個時刻中，人不是自身的主宰，就是自己的奴
隸。當人屈服於一個錯誤的欲望，向人類的弱點投降，向
環境作出無條件的妥協時，他就是一個徹頭徹尾的奴隸。

「成功的祕訣,」奧利芬女士說,「就是知道如何節制自己。倘若知道如何鞭策自己,你就是自己最好的教育者。向我證明,你能夠控制自己。我就會承認,你是一個富有教養的人。沒有這種自控力,所有的教育亦是徒然。」

早年的阿伯拉罕·林肯脾氣十分暴躁,經常與人爭辯。後來,他學會了自我控制,成為一個最有耐心的人。他曾這樣描述自己的這種性格:「我是在黑鷹戰爭(Black Hawk War)期間,學會了控制自己脾氣的必要性。自此之後,這種良好的習慣就伴隨著我。」這也是林肯善於調動別人能力的主要原因。

格蘭特[034]將軍也同樣是一個泰山崩於眼前而面不改色的人,擁有極強的自我控制能力,無論是軍隊在將敗的時候,抑或是華盛頓舉行盛大的檢閱儀式上,人山人海,歡迎軍隊的勝利凱旋之時,他都是那麼的冷靜、自若。

法國著名哲學家狄德羅[035]曾說:「冷靜與從容的人,才是自己氣質、聲音、行為、舉止乃至每個細節的發號施令者。他們能讓別人樂意地為自己工作。」歌德也說過:「那些掌控不了自己的人,談何管理別人?」

以愛爾蘭著名領袖查爾斯·史都華·巴奈爾[036]為例。他在年輕時,脾氣大得不行,常常難以自控。他之所以被逐出劍橋大學,是因為他一時氣憤,打了兩個人。其中一個被他打的人,看見他坐在路的一旁,就好心地上前問了一句:「你好,你沒事吧?」巴奈爾的辯護律師承認了巴奈爾所犯的錯誤。他的這種炫耀武力的愚蠢做法,被法院罰款 25 堅尼(Guineas)。

---

034 格蘭特(Grant,即 Ulysses S. Grant, 1822-1885),美國第十八任總統。

035 狄德羅(Diderot,即 Denis Diderot, 1713-1784),法國哲學家、文藝評論家、作家。

036 查爾斯·史都華·巴奈爾(Charles Stewart Parnell, 1846-1891),愛爾蘭政治家。

不只是憤怒，還有尷尬惶恐緊緊地控制著他。當他做自己的第一次演講時，差點昏厥於講臺之上。這讓許多選民對他極為失望，改為支持其他候選人。

數年之後，當格萊斯頓[037]成為英國首相，在談到巴奈爾時，他這樣說：「巴奈爾是我見到的最為傑出的人之一。我在演講中對他進行了長篇幅的指責。但是，他始終靜靜地坐著，一動不動。他仔細地聆聽著，面容誠懇，但是沒有顯露一絲情感，沒有一點急躁，顯得這與自己無關。他的冷靜，以最為簡潔的方式去處理事情，對議會成員的想法全然不予理會——這真是令人大為驚訝。這完全不像一個正常人在這樣場合應有的反應！」

在一些優點之中，也許在演講中自我控制的能力，對於女人的一生是最為重要的。這種習慣的養成，必須要在早年就開始培訓，否則日後就要下苦功夫才能獲得。即使不能在女孩階段養成，也要爭取在少女時期樹立起來。我看到許多原本富有前途的人，正是在一些所謂的「合理的挑釁」下，將一些惡毒之語、鄙視、憤怒展現出來，讓幸福投下了陰影。有時候，我們的唯一責任，就是緊閉嘴巴，不置一言。

曼特農[038]宣稱，女人的能力就是禮儀方面最高的表現，就是一種安詳的狀態。生活中一般的煩惱，原本都是可以避免的，只要當我們感到煩憂時，記住沉默是金這個法則。

查爾斯·巴克斯頓稱，不論男女，他們的天性都是易怒的。但在現實生活中，卻可以做到對人溫柔，富有愛心，博愛與周詳，無私與慷慨。

---

037 格萊斯頓 (Glastone，即 William Ewart Gladstone, 1809-1898)，英國政治家，曾擔任英國首相。
038 曼特農 (Maintenon, 1635-1719)，法王路易十四的第二任妻子。

　　當我們遭到嚴重挑釁的時候，忍住怒髮衝冠的衝動，緊閉那張可能隨時會脫口而出惡言毒語的嘴巴，即使是在自己的痛處被攻擊之時，亦能保持冷靜與泰然，這需要一種精神上的耐力與性格的力量，這比單純的體力運動的耐力更為偉大與崇高。

　　有些人認為，急躁與難以控制的脾氣是精神高尚的表現，這是多麼淺薄的愚見啊！這完全是站在錯誤的認知的一面。一般而言，火暴的性情或是完全屈服於此種脾性，都是一種心理失衡的表現。真正高尚的性格基本上都是恬淡的，一般不會輕易偏離原先的平衡。

　　F.W. 羅伯森 [039] 說：「品格的力量在於兩方面：意志力與自我控制。在生活中，品格的這兩方面時常被強烈的情感與自我意識所控制。我們誤以為，強烈情感就是一種強有力性格的表現。一個能自我控制的人，不讓自己的皺眉給家人帶來不悅的情緒，不想讓自己的憤怒讓孩子們為之驚顫的人 —— 因為他能夠控制自己的意志，然後冷靜處事。這才是我們所稱讚的『真正的男人』。但事實上，他也是一個脆弱的人。但只有那些被如洪水猛獸般情緒吞噬的人，才是真正的弱者。衡量一個人，要看他克制自己情緒的能力，而不是被情緒克制的能力。所以，鎮靜自若通常是力量的一種最高體現。我們是否曾見到過一個人在遭受到別人無端的羞辱，臉上只是稍有點變色，隨即卻又能淡淡地給予回答呢？這種人的精神實在是強大。我們可曾見到一人，內心極度苦悶，但是仍極有風度地行事，彷彿自己是在堅硬的磐石上雕刻一件藝術品？抑或一個人每天都在忍受痛苦的打擊，卻保持緘默，不願訴說是什麼讓一個家庭的和睦分崩離析。這就是力量的體現。一個怒火中燒的人，仍舊舉止得體；一個天性敏感的人，隨時

039　F.W. 羅伯森（F.W. Robertson），19 世紀英國牧師，生卒不詳。

可能在憤怒中爆發，但在遭受挑釁之後，仍舊選擇克制自己與寬容 ——
這些人才是真正的男人，真正的精神英雄。」

世上沒有比成為「自我控制的君王」更為讓人自豪的了。威廉・喬治・
喬登[040] 說：「人有兩個創造者 —— 一是造物者；二是你自己。造物者賜予
我們存在於世上的生理基礎，以及適應於其為人類生存所制定的法則。第
二個創造者 —— 也即我們，同樣擁有神奇的力量，但是真正實現的人卻
鳳毛麟角。」真正重要的，是一個人如何利用自己。人類的天生的弱點可
能是環境所致，但其力量則是環境的改造者。他是環境的被動受害者或是
勝利者，完全取決於自己。在漫長的歷史卷軸裡，自我克制常常出現於最
為精彩絢麗的篇章裡，也出現於日常生活中的點點滴滴，在這兩個場合所
展現的，在善意與含金量上是一致的，唯一不同的，是在一個程度上。善
於自控的人能夠獲得自己想要的，這只是一個我們是否願意付出代價的問
題而已。自我控制的能力是我們人類異於低等動物的一個重要體現。人類
是唯一一種能夠進行道義上的鬥爭與道義上征服的動物。世界向前每走一
步，其實都是人類對自己的一種全新的自我控制的體現。我們已經走過從
對某一事實的專橫態度到理性掌握事實的過程轉變了。

在生活的每個時刻中，人不是自身的主宰，就是自己的奴隸。當人屈
服於一個錯誤的欲望，向人類的弱點投降，向環境做出無條件的妥協時，
他就是一個徹頭徹尾的奴隸。當他在日復一日地將人性弱點擊碎，將心靈
中所有反動的情緒牢牢掌控，走出過去所犯的過錯與愚昧，重塑自我，他
就是一個至高無上的君王。

040　威廉・喬治・喬登（William George Jordan, 1864-1928），美國編輯與作家。

　　自我控制能力對性格的形成與發展有著巨大的作用，與人生的成功有著緊密的連繫。

　　每個人都有兩種天性。一種天性總是嚮往真、善、美 —— 受那些積極向上、純化心靈的行為所鼓舞。這是上帝的影子在人心的體現，精神上的一種不朽性。這是靈魂的一種引力，讓我們心向無所不能的造物者。另一種則是野蠻的天性，總是拽著我們往下掉。

　　我們只能透過在小事上的自控，方能在大事上擁有同樣的自控能力。我們必須要仔細研究自身的弱點，到底是什麼讓我們無法取得最大的成功。這應是我們在開始自控鍛鍊時一種正確的態度。是自私、虛榮、懦弱、病態、脾氣、懶惰、憂慮、三心二意或是沒有目標呢？無論這些人性弱點如何喬裝隱藏，都必須要找出它們。在生活的每一天，我們都要將自己的存在限制在這一天，仔細地了解自己，完善自己。

　　過往空留遺憾，未來焉留煩憂？我們要活在今日，活在當下 —— 今天是唯一彰顯我最美好一面的時候，今天是唯一讓我克服自身弱點的時候。我們的人性弱點稍有冒頭，就該防患於未然。在這場戰鬥中，我們要成為每時每刻的勝利者。君王與奴隸之間，何去何從，高下立見。

　　每個時刻，記得舉止優雅與得體；每個時刻都是富含意義的。若你逃避責任或是讓勇氣打折，品格就矮了一截。難道我一定要向現實低下高傲的頭顱？為一些雞毛蒜皮的小事大動干戈？心靈是可以超脫於紛繁俗世的。讓希望、夢想、期望與自信都能乘著雙翅，引領我們俯瞰生活一次小小的暴風雨，不再糾結於那些毫無價值的事物，讓我們探出頭，呼吸新鮮的空氣。

第五章　天使的日記

若是年輕人對自己心智的呼喚置之不理，讓自己陷入了一個惡性循環，養成了低效與懶惰的習慣—他所遭受的損失是日後所難以彌補的。

　　我們所有的行為，乃至每個最為微小的細節，都被一支如椽大筆扎扎實實地記錄起來。天使的日記並沒有什麼神祕之處 —— 這就在我們每個人的心中，只是一種習慣的力量。

　　有人將習慣稱為人的第二天性，而且還是蠻不賴的天性。神經系統有一種趨向，就是每隔一段時間，重複著一種相同的行為模式。科姆博士稱，所有的神經疾病都有一種明顯的趨向，就是在一段時間裡，時常出現類似的行為。「如果我們每天在相同的時間段裡重複相同的心理行為，那麼，當這個時間段到來之時，我們會毫無徵兆地進入與以往類似的心理狀態。」

　　這其實也普遍存在於動物世界的神經系統之中。萬斯醫生曾這樣描述：「這是一個關於消防隊與一匹馬的故事。在納什維爾，消防隊在坎伯蘭河的東面有一輛消防車。從這個消防隊到達市區，必須要向西走六個街區，直達伍德蘭大街，再穿越橫跨坎伯蘭的一條長長的大橋，最後到達廣場。在聽到第一聲火災警報聲的時候，納什維爾的消防局的隊員們必須馬上趕到市廣場，集結準備待命，作為後援。在第二聲警報聲之後，就要迅速採取行動了。一天晚上，警報聲響起來了。馬匹就各就其位，消防員則站在消防車後面。當馬匹全速奔跑的時候，騎手卻跟不上腳步，被拋在後頭。馬匹直往大街的方向前行，全速進發。在後面的消防員們慶幸自己沒有駕馭著這些馬匹。穿過了大橋，繞過了彎路，到達了指定的地點，馬終於停下了腳步，等候進一步的命令。當遲來的騎手上氣不接下氣趕來的時候，卻發現一切安好。他發現，沿著大街奔跑的習慣已經深入馬的骨髓了。同理，相同的反應也出現在人的身上。騎手將臉靠在這匹憨態可掬的朋友上，輕輕地拍打著，低聲讚揚，為自己成為一名騎手而感到驕傲。」

　　人也是可以將習慣變成我們的一個良好的夥伴。

　　教育的一個優點，就在於讓我們的神經系統與我們站在同一陣線，而

不是對立面。我們所獲取的知識必須要加以利用，讓自己悠遊從容地生活。因此，我們必須要讓一些積極與正面的行為成為自然習慣，同時提防讓我們誤入歧途的行為習慣，一如抵抗疾病。

在所有動物的本性深處，潛藏著一種透過不斷重複行為所獲得的趨利避害的慣性，我們稱為習慣。

其實，一個人的一生就是一個不斷書寫自傳的過程。在我們控制範圍之外，是心靈的留聲機，它忠實地將每一個極為微弱的思想，每一個細小的舉動，每一次輕微的感想，每一個動機，每一個期望，每個目標，每份努力，每次自我鼓勵，牢牢地印記在大腦的組織之中。

若是年輕人對自己心智的呼喚置之不理，讓自己陷入了惡性循環，養成了低效率與懶惰的習慣——他所遭受的損失是日後所難以彌補的。

對中年人而言，所養成的習慣，基本上已經決定了他們的餘生。因為，我在過去二十年裡一直做的事情，難道在今天就能倖免嗎？對一個懶惰成性的人，要他明早一下子變得勤奮，機率幾何，不言而喻。同理，要讓奢侈的人變為節儉，讓淫蕩的人收穫美德，讓滿口穢語、愚昧無知的人突然間說幾句暖人心窩的話語，這太難啦！

「習慣是第二天性嗎？不！習慣徹頭徹尾就是我們的天性。」威靈頓公爵[041] 如是說。

卡朋特醫生說：「當我們從小形成一些良好的習慣，這種趨勢對我們是極為有益的。這讓我們可以很自然去做一些事情，不然的話，就需要我們擁有強韌的意志去完成。一些當家長時間的實踐經驗可知，若我們能讓心理活動以一種有條不紊的方式進行，可省下許多精力。」

041　威靈頓（Duke of Wellington, 1769-1852）。

　　若是透過不斷重複某一行為，就可獲得一種嫻熟的技能，這樣，什麼工作都會顯得事半功倍。具有熟練技能的人也比較容易取得成功。隨著人們在各行各業上不斷拓展自身的專業知識，競爭壓力的增加，能在不同工作上都取得讓人滿意的結果，變得越來越困難。隨著時代的飛速發展，那種全才型的人才將變得越來越稀少。如果想要在某一方面有卓越成就，就必須將精力集中於某一個特定的目標。「我只有一盞指引我前進的燈火。」派翠克·亨利 [042] 說，「這就是一盞經驗之火。」

　　過往時代殘留的神祕與莫測的一些影響，對我們每個人都有一定的影響，賜予我們個人一定獨特的性格，誰也難以逃避或是超脫。一個少年，一個中年人，可以逃離自己的父母，但絕對無法逃避自己。他可能對自己身上所遺傳的特性並不滿意，甚至是極為反感，但這是難以抹去的。在毫無徵兆與不知不覺中，他們就必須要遵循某種依附於自身的特質。他們並非是這些特質的奴隸，而是應成為和諧共處的「一家人」，與其共同發展。

　　F.W. 羅伯森說過：「種瓜得瓜，種豆得豆，而不可能種瓜得菜。一個充滿愛意的舉動讓靈魂更具愛心，一個謙卑的行為，更增添了自身的謙遜。我們所收穫的，是播種的數百倍。如果你將生命看成是一顆種子，那麼，你將收穫永恆的人生。」

　　「在英國所有為大眾所接受的格言警句中，」托馬斯·休斯 [043] 說：「再也沒有比『播種野麥』這句所謂的格言更讓人反感的了。如果你認真審視這句話，不論從哪個方面上去想，我都敢說，這是一句邪惡的『格言』。無論是對於一個年輕人、老年人抑或是中年人，播種野麥的話，都將一無所獲。我們唯一要做的，就是小心翼翼地將野麥投進熊熊烈火的熔爐之

042　派翠克·亨利（Patrick Henry, 1736-1799），第一位維吉尼亞州州長。

043　托馬斯·休斯（Thomas Hughes, 1822-1896），英國律師、作家。

中，讓它們化為灰燼。倘若你要播種它，無論在什麼土壤，生長多久，只要太陽還在天邊掛著，它們終會變成長長的、堅硬的根系，還有各種細枝末葉。這是一種魔鬼喜歡的作物，他們樂見這種植物的蓬勃生長。而我們卻只能兩手空空。」

這是一個有關柏拉圖的故事。柏拉圖曾斥責一個在玩著愚蠢遊戲的男孩。男孩說：「你因為這點小事，就責罵我嗎？」柏拉圖語重心長地說：「但是，我的孩子，習性絕不是一件小事啊！」品性構成的全部祕訣就在於這個詞語：習性。不良的習性冷卻凝固之後，就變成堅如磐石的習慣了。這是一種具有極強專制性的東西，讓我們陷入惡行之中，不能自拔。習慣讓我們成為其奴隸，俯首就擒。漢斯·洛克曾說，維持心智的活力，與習慣的「帝國」展開一場競爭，這是道德自律上一個重要結果。

拉斯金[044]說：「生活中的任何錯誤或是愚昧都讓我寢食難安，將我的快樂帶走，削弱我的控制力，讓我視野模糊，思想混沌。我過往的每次努力，每次正義與善良的舉動，在我心頭泛起，讓我抓住時機，看清自己。」

「今天我的性格，基本上只是過往所有思想、懷抱的情感以及所有行為的一個混合物而已。」C.H. 帕克赫斯特牧師[045]說，「這完全就是我過往歲月的一個匯總，打包起來，然後凝結成現在這副模樣。所以，性格其實就是個人生活精華的萃取。所以，每個了解我性格的人──這背後並沒有什麼祕密可言──他們一些人認識我四十多年了，知道我一直在做什麼，在想些什麼。因此，性格幾乎可以說只是凝固了的習慣而已。」

---

044 拉斯金（John Ruskin, 1819-1900），英國文藝評論家、社會思想家。

045 C.H. 帕克赫斯特（Rev.C.H. Parkhurst，即 Charles Henry Parkhurst, 1842-1933），美國牧師、社會改革家。

　　品行端正，這是正確行為習慣固定下來的一種表現。有些人說不了謊話，他們說實話的習慣已經改變不了，已經融入他們的血液之中了。所以，他們的性格上也有這種難以擦拭的真誠烙印。我們都會有這樣的體驗，就是有些人基本上每一句話都是不容置疑的，讓人根本就無須懷疑其真實性。也有一些人總是謊話連篇，他們性格中習慣性的虛假讓人懷疑，而人們的這種疑慮也延伸至他們所說的每一句話。

　　我們一點一點地成長，也是在一點一點地衰微。當暴風雨橫掃過森林時，那些脆弱的樹木必然摧折。若然我們平常沒有習慣性地屈服於邪惡的引誘，讓靈魂墮落，那麼，一次突然的狂風怎能將你折倒？同理，我們也不能什麼事情都「畢其功於一役」，而是要經過長時間不斷的努力，有時直至我們生命的盡頭。

　　一句年代久遠的銘言是這樣的：「習慣就像一根繩索。我們每天編織一條線，年久日長，它將變成一根強韌的索，我們根本無法割斷。」

　　當一個人的習慣已經成型，我們只需靜靜坐下來，觀看他的所作所為，便可知道這個人如何了。一個被壞習慣繩索牢牢拴住的人，是一個軟弱無助的人。他原本以為自己是思想的主宰，但每一次行動卻被繩索的每根線條牽制著，無法動彈，只能倍感悔恨。

　　有人說，形成我們習慣的事情，一直延伸至我們生命的盡頭，不曾停止。這一切都取決於我們在一開始所做的決定，就好比河水在不斷向前翻滾的時候，越來越澎湃激揚，氣勢磅礡，直到最後匯入茫茫大海，完成其永恆的人生。

　　在懸崖邊上扔下一塊石頭，石頭將受到萬有引力的作用，在下降的過程中，動能不斷累積。在第一秒內，下落了 16 英尺；在第二秒內，則為

48 英尺；第三秒內為 80 英尺；第五秒內，144 英尺；倘若石頭在做自由落體的時間為十秒鐘的話，那麼在最後一秒內，物體下落了 304 英尺的距離。習慣是有累積性的。在生活中每個行為之後，你都與行為之前的你不一樣了，而是另外意義上的一個人。不論怎樣，總之就不是之前的那個人。因為，在你性格的厚重上，總有一些東西在每個行為之後，得到了增減。

人們往往對於一些人的犯罪事實感到驚訝與難以理解。昨日在大街或是在商店裡看到的人，根本沒有要在今天犯罪的徵兆。但是，今天他所犯下罪行亦只不過是他昨天或是之前所作所為的一種必然與自然的延伸罷了。今日犯罪這種行為，是在過往數以千次罔顧正義與公理的行為上鑄就的。因為，善小與小惡之間有著天壤之別。正是這種重複過往不斷重複行為的神祕力量，造成了種種不同的結果。

經驗告訴我們，在麻醉人的自控能力上，酒精比其他生理活動更為有效。但是這種自我放縱的危害雖然巨大，仍敵不過這種行為對道德行為的損害。在自我麻醉的情況下，必然會出現自我控制紊亂的情況，這不只會造成道德上的過錯或是罪行，更重要的是，人格被踐踏，最終淪為感官欲望的奴隸。爛醉之人將自己託付給愚鈍之人甚至是魔鬼的手中，讓他們將自己引入愚昧的淵藪。

某位法國作家說：「在人生的舉止上，習慣比格言更為重要。因為習慣本身就是活脫脫的格言，讓人們本能地去做。更換某條人生的格言，不值一談，這不過是更改一下一本書的名字而已。養成新的行為習慣才是最為重要的，因為這才觸及人生真正的實質。」

「在養成一個新習慣時，或是拋棄原先舊的習慣時，」詹姆斯教授說，「我們的心中必須有一個強烈的毋庸置疑的信念。利用所有有利的環境，

不斷強化自己正確的思想觀念。讓自己置身於有利於養成新習慣的氛圍，作出一些與以往習慣不符的承諾，可以的話，在別人面前許下這個承諾。簡而言之，充分利用各種條件來實現自己的這個決心。這樣，你在形成新習慣的過程中，就會有逐漸強大的力量，讓你去抵禦舊習慣帶來的引誘。每一天抵擋住舊習慣的侵蝕，那麼，這種逐漸消除殘餘影響的機會就大增。

「第二個方法就是：當新習慣在你生活的行為深深扎根之前，絕不要允許破例。每一次破例，就好比將以往辛辛苦苦編織的線條統統毀掉；一次下不為例將過往所有的努力化為烏有。」

莎士比亞說：「今晚的自我節制，讓下次的節制更為容易，長此以往，就會成為一種習慣。因為實踐可以改變一個人的本性，既可以遏制心中邪念的發生，也可以將人拋離神性的軌道。」

已故的約翰·舍曼[046] 在當任國務卿的時候，舍曼一個同學的兒子寫信給他求助。在信中，他說自己生活得極為低賤，只能睡在天橋底下，生存本身都已成為一種累贅，想要結束自己的生命。時至今日，當年那位求助的年輕人已經是紐約市一位成功的商人。他說，自己的轉變得益於約翰·舍曼在回信時給他的建議。

他同意公開這封信，這是一封他十分珍視的信函。在信中，舍曼是這樣寫的：

「你說，自己的生活完全就是一個失敗。你現在已經三十歲了，想著隨時去見閻王爺。你說自己找不到工作，看不到生活中哪怕一丁點的曙光。你說你的朋友對你不理不睬。讓我告訴你吧。你現在處於的生活狀

046　約翰·舍曼（John Sherman, 1823-1900），美國政治家。

態，正是一個人應該看到自己美好前程的節骨眼上。你現在剛剛進入而立之年，站在年輕與年老之間的分界點上。除非你身體有什麼毛病，否則就誠實地去做任何工作，即便每天只能賺取一美元。每頓飯不要花費超過十美分，花在住宿方面不要超過二十美分，盡可能懷著緊迫的心情節省金錢，就好像你是在搶救自己母親的生命。要注意儀表，人要衣裝。不要太過花哨，但要整潔。像遠離瘟疫一樣，遠離酒精。因為，酒精是一種詛咒，比世上所有的恐怖加起來更奪人性命。如果你還是一個稍有點頭腦的人（當然，你給我來信，就證明你這一點），那麼，在機遇到來之前，耐心地累積，切莫猴急。當機遇出現時，一定要勇敢把握，牢牢抓住。這可能要花上幾年時間，但你一定會等到的 —— 你會從一個工人轉變為一名商人或是一名專業人員。這是很容易做到的，到時，你自己都會驚訝於此。但是，要有一個目標，努力地為之追求。一艘船是不可能同時駛進數十個港口的。做人要知足，若是貪得無厭，就會失去朋友的愛。沒有了這些愛，生活也是無望的。學著去熱愛書籍吧。有空去一下教堂，因為那裡有助於舒緩我們生活的痛苦。但絕不要成為一個偽善之人。如果你不篤信上帝，那就相信你自己吧。只要有空，都可以聽聽音樂，音樂讓人心智健全，讓人洋溢著高尚的情操。振作起來，歡樂起來！不要想著什麼時候去見閻王爺！為什麼要這樣想呢？我活的歲數不只是你的一倍，但我也不想死去啊！融入這個社會吧。即便你是茫茫勞動者中的一員，也要努力工作，細心咀嚼食物，安穩睡覺，靜心閱讀，有空談論一些時事。一定要誠實地工作，要有耐心，為人勤奮，節儉，富有禮貌，認真學習，既要謙遜，又要有大志，既要勇於追求，又要知足常樂。做到這些，再過三十年後，你就會發現，原來這是多麼美好的一個世界呀！自己又是多麼年輕與快樂呀！」

　　習慣的法則滲透於我們生活中所做的每件事情上。一位作家最近說：「有序的工作，有序的休息，日常的工作，日常的休息，這才是完整的生活規律。」

　　柯尼斯堡的康德[047]，長年累月地工作，沒有匆忙，而是有條不紊地工作，工作休息兩不誤。他常常工作至深夜，唯一的一個亮點，就是在每天下午同一個時間，他都會在園子裡的菩提樹下做長時間的散步，海涅曾說，康德的鄰居只是用他來校時。難以想像，這位穿著棕色大衣的老教授正在一步步地摧毀原先的哲學體系，為自己的學說開闢新的天地。

　　約翰·埃里森[048]就是受益於有規律的生活習慣的一個例子。在長達二十年間，他都住在紐約的一間房子裡，每天吃著幾乎相同的早餐與晚餐，所有的時間都花費在書桌上。每天的食譜基本上都是粗麵包、不新鮮的水果，喝茶、排骨還有牛排。每天早上，他都要步行一個小時，然後從早晨六點直到深夜，都在書桌上或是設計室裡埋頭工作。

　　也許比康德或是埃里森這樣如一臺機器按部就班工作的例子，就非法國著名的詞典編纂者埃米爾·利特雷[049]莫屬了。單是排版上就耗費了十三年！他編纂的詞典也是世界上為數不多的真正意義上的詞典。他是在四十五歲時才開始這項工作的，在接下來的三十年時間裡，夜以繼日工作著。他曾透露過自己日常的工作。但讓世人為之驚嘆的，是他可以在這麼長的時間裡保持樂觀與豁達的性情。他是這樣說：

　　「我的生活其實也是很簡單的。也不過是一天二十四個小時，白天與

047　康德（Kant，即伊曼努爾·康德，1724-1804），德國哲學家、天文學家，太陽星雲說（Nebular hypothesis）的創立者之一，德國古典哲學的創始人。

048　約翰·埃里森（John Ericsson, 1803-1899），瑞典裔美國發明家。

049　埃米爾·利特雷（Emile Littre, 1801-1881），法國詞典編纂者、哲學家。

黑夜。只是我不想浪費任何一點時間。每天我在早上八點鐘起床，對於一些勤勉的人來說，這已經是相當遲了。我稍定一下，整理一下寢室，收拾一下床鋪，這也是我一貫以來的習慣。我下到樓下，順便做一些力所能及的事情，例如，我會順便想想如何寫這本詞典的序言。我從阿格納斯大臣那裡明曉了慵懶時間的重要性。在九點鐘的時候，我開始修改樣本的工作，直至午餐。在下午一點鐘時，我又重新投入工作，為《學者期刊》（*Journal des sçavans*）撰稿，從西元 1855 年以來，我就成為該期刊的專欄作家。在下午三到六點，我又投入到詞典的工作之中。當晚上六點的鐘聲敲響時，我準時吃晚飯，晚飯時間大概是一個小時。之後，我便又投入到工作之中。有人會說，晚飯後馬上投入工作是不益於健康的，但我從來不這樣覺得。這是從生活中榨取得來的時間。從晚上七點鐘開始，我又開始詞典的工作。這個時候，第一個工作時間段直至午夜。我的妻子與女兒都會成為我的幫手，給予幫助。當她們睡覺之後，我還繼續工作到凌晨三點鐘。一般而言，到那時我一天的工作也就宣告結束了。如果還沒有完成的話，我會工作得更晚一點。在漫長的夏夜裡，我不止一次吹滅燈火，讓初生的曙光為我照明。不過，在三點鐘的時分，我一般擱下手中的鋼筆，為明天的工作整理好手稿── 其實，新的一天已經到來了。這種習慣與規律讓我在整個過程中沒有半點的興奮之感。我很舒適地入睡了，甜甜地做著美夢，然後在次日的早上八點起來，精力充沛。但是，在深夜工作絕非沒有其魅力。夜鶯在橫跨花園的一排檸檬樹上築著巢穴，用自己輕快與悠揚的調子充填著靜寂的深夜。」

羅伯特·沃特斯說：「生理學家告訴我們，一個人的大腦要想得到完全的發育，需要二十八年。如果真是這樣的話，為什麼我們不可以透過自身的努力，讓這個需要長時間發育才能完善的器官擁有特殊的能力呢？為

什麼我們不運用自身的意志，讓大腦如脊梁一樣得到完整的發展呢？這種意志只不過是一種蒸汽般的能量，我們可以將這種能量運用於任何工作。它可以按照我們的想法行動，不論是樹立起我們的品格或是將其摧毀。同理，意志可以讓我們成為一個真正意義上的人，也可以成為一個野蠻人，一個英雄或是懦夫。意志可以讓我們果敢做事，直到成就一番偉業，或是讓人在猶豫踟躕中消耗精力，一事無成。它可以讓你堅持自己的目標，直到養成一種勤奮與應用的習慣，讓懶惰與無聊使自己感到痛苦。它也可能讓我們變得懶散與焦躁，讓每次努力顯得那麼微不足道，讓成功變得不可能。」

一位睿智的老師對學生說：「你們在這一分鐘的所想、所為或是存在的狀態，都將一一顯現在你們日後的性格之上。正如我們說的每一句話，若被留聲機收錄了，在日後都會得到重放一樣。」

一個研究室內遊戲與戶外體育運動的作家堅稱：「人類所有能力的基礎，基本上是在兒時遊戲與玩耍時建立的。而他們的天性則決定了產生的結果是好是壞。因此，在孩子童年的這個階段，我們應該小心翼翼地讓他們接受這方面的鍛鍊，給予他們指點，讓他們明白克制自我、與人合作才是成功團隊的一個核心思想。他們就會明白，如果對別人不予考慮的話，自己也將收穫甚淺。自我控制、誠實與其他道德上的行為都可以成為一種習慣，或是流於一種形式，這取決於孩子們對遊戲的觀察與體會。這樣做的一個重要原因，就是遊戲對於孩子們而言是真真切切的一種行為。這對他們而言是十分重要的。相比於成年人而言，玩耍對他們來說，至關重要。因此，我們不能讓他們在遊戲過程養成不良的習慣。當孩子們長大後，他們在接受新觀念的時候，也是難以拋棄原先的思考習慣，所謂的新觀念亦不過是在原先的基礎上不斷地累加。正是一開始形成的觀念，左右著對日後事情的看法。」

　　遊戲的教育原理同樣適用於禮儀的教育上 —— 即一個良好的開始，顯得極為重要。

　　有些人覺得，讓自己一刻不動，身體就覺得癢癢的。他們必須要讓自己的雙手、腳或是身體的其他部位處於運動的狀態。我認識一些男孩、女孩，他們喜歡用刀子或是叉子玩耍，用手指敲打著桌子。他們似乎沒有一種靜下來沉思的能力。咀嚼口香糖，叼著牙籤或是其他的木製品，用舌頭舔著下嘴唇，抑或總是在搖擺。所有這些行為都是無害的，但卻是讓人覺得不安的。

　　儘管這類型的習慣並不有損於品格或是道德的高度，但卻是阻礙培養良好教養的絆腳石。因為他們的這些行為習慣讓日後挑剔的雇主不滿，讓舉辦聚會的女主人尷尬，甚至讓朋友們也倍感無奈。因此，他們有必要從小就遠離這些不良的習慣。

　　相同的法則同樣適用於各式各樣不斷重複的行為，不論是具有道德性或是非道德性的。養成以下良好的習慣，諸如在早上某個時段起床，迅速履行承諾，待人接物彬彬有禮，做事井井有條，說話不緊不慢，清晰表達，為人真誠，勤勞一生。這對我們人生的促進作用將是難以估量的。諸如此類的習慣將在慣於此類行為的大腦組織或是神經中來去自如，在大腦與心靈的組織上根深蒂固。之後，要想改變這些習慣，需要長時間痛苦的努力。建立品格的過程，就是一個養成良好習慣的過程。相比起重複以往的習慣的行為，想要忽視或是替代曾經長時間不斷重複的習慣，這是極為困難的。

　　樂觀豁達的思想習慣能將最為尋常的生活，昇華為一種和諧之美。我們的意志可以決定幾乎是無所不能的習慣。讓一顆堅定的心，專注於那些

能夠產生和諧思想事物的習慣，能讓我們在哪怕最為卑微的環境下，仍可尋求快樂與幸福。若是我們的心靈得到適當的指引與鍛鍊，就可將所有不協調的思想趕走，讓身心獲得一種持久的和諧。

特修恩校長最近對自己的學生這樣說：「我希望讓你們明白，當你們的身體仍具有一種良好的彈性，心靈仍處於可塑階段的時候，我們要讓所有學生都去研讀那些歷史上著名的男女在青年時期的所作所為，然後按照最高的理想認真地規劃自己的人生。倘若他們真的這樣的話，我的一生也就沒有遺憾了。」

有四種習慣是特別富含價值的 —— 準時、精確、持續與速度。沒有養成準時的習慣，時間就被揮霍掉了；凡事不精確的話，容易錯將於己有害的，視為於己有益的；如不能持續，很難成事；沒有速度，良機稍縱即逝，難以挽回。

許多人原本資質平平，卻能有非凡的成就，因為他們的心靈被喚醒了，做到了最好的自己。但要做到這一點，我們必須從年輕時就要開始這樣的努力。即便是一個粗野無禮甚至是有點遲鈍的人，只要尚有潛質的話，經過一段時間的教養，效果也是驚人的。但是，在最終養成這種習慣之前，他必須長時間地接受一位富有能力的教育者的指導。

李登說：「我們在一些重要場合的舉止，其實就是我們平常養成的習慣。而我們的氣質，實質上就是多年來不斷自律的一種表現。」

可以說，人類取得所有的成就，實際上就是習慣帶來的。我們時常會談到，格萊斯頓在一天時間內可以做那麼多偉大的事情。但是，當我們細細分析其能力時，就會發現這實質上就是一種習慣的結果。只有在習慣的引領下，他的巨大能量才能獲得釋放。在他的一生中，養成了許多良好的

習慣。當然，他的那種勤奮習慣，在一開始讓人覺得有點難以適應，甚至是有點單調，但在有意識與長時間的堅持之後，所獲得的能力足以讓世人為之震驚。他的思維習慣，縝密、全面與持續，讓他成為思想的巨人。他還養成了精確觀察的習慣，任何事物都不能從他眼皮底下逃脫，他能看到常人所不注意到的細節。正是諸如上述的良好習慣，讓他的能力為世人矚目。精確的習慣讓他避免了許多重複。所以終其一生，他節省了不少寶貴的時間。

我們在人生起步階段所養成的習慣，將陪伴我們終身。若某人在二十五歲或是三十歲之後，人生軌跡沒有多大變化，只是在一開始所走的道路上不斷前進。我們不禁會這樣想，在年輕時，培養一個良好的習慣與不良的習慣其實都是一樣容易的。

倘若我們不抬頭向上，就只能俯首了；若我們不能向前，就只能退後了。生命中有一種不斷向前向上的趨勢，不然，我們就倒退回原始野蠻的狀態了。

布羅漢姆 (Henry Peter Brougham) 說：「在上帝名義之下，我將一切交付於習慣。自古至今，無論是立法者或是校長，他們都重視養成信任的習慣 —— 這讓世上的一切事情都顯得那麼簡單，讓一切偏離習慣的事情顯得困難重重。」

第六章
金錢、物質與知足

任何年輕人如果有能力走出貧窮的限制的話,那麼他就沒有權利一味地逗留在那裡。自尊強烈要求我們走出貧窮的生活。我們有責任讓自己活在一種富有自尊與獨立的生活之中。

缺乏金錢、物質與知足之心的人，實際上是遠離了三位好的朋友。

——　莎士比亞

財富帶來的巨大滿足在於意識到一種權利感。除了這點，財富為我們通往更高級的快樂開闢了一片天地，滿足人們在教育與藝術上的欲望。財富帶給人們至高樂趣，在於服務社會與奉獻人類。

——　希伯・牛頓牧師

若是沒有自立，人何以為人？當匱乏牢牢拴住我們的腳跟，或是被環境所桎梏著，時刻活在別人的陰影之下，我們如何能發揮最好的自己呢？對於年輕的男女而言，還有什麼比活在匱乏生活中，不能自拔更讓人覺得羞辱的呢？

任何年輕人，如果有能力走出貧窮的限制的話，就沒有權利一味地逗留在那裡。自尊強烈要求我們走出貧窮的生活。我們有責任讓自己活在一種富有自尊與獨立的生活之中，讓自己在生病或是其他緊急狀況時，不會成為朋友們的累贅。

有人會說，追求財富不僅是合情合理的，更是一種責任。如果一個人有自己正確的生活原則，以合法的手段獲取財富，這將擴大他的影響力，增強自身的實力。若是我們能在努力追求財富的過程中，不讓自己陷入狹隘與不義的旋渦之中，這將有助於提升我們的才幹，讓我們更加精力旺盛，充滿睿智與敏銳，讓判斷力更為準確，錘鍊道德與心智的能力。「大腦在不斷分帳過程中所得到的鍛鍊，類似於微積分所產生的效應。在算帳的時候，有點類似於數星星所獲得的鍛鍊。」一個做事井井有條的商人，做事總是細緻入微的。我們若想成為一名出色的商人，就必須從早到晚進行心智上的磨練。

　　商人必須要有一個全盤的規劃，將事情安排得有條不紊，處事敏捷、辦事精確，無論是上級或是下屬，都能做到彬彬有禮。他總能維持一個良好的風度，展現出優雅的舉止。倘若他是一位胸襟寬廣的商人，富有魅力與才華，不想讓自己的工作限制於狹隘自身的視野，就要不斷提升自己的氣質，讓視野變得更為寬闊，憐憫之心更加強烈，慈善之心更為博愛。

　　「倘若我們仔細觀察一下那些生活在『貧窮階層』生活所帶來的創傷，」一位睿智的思想家說，「我們就可以肯定一點，在這些生活不幸的人中，幾乎沒有人是出身於富裕家庭。相反，很多人之所以一事無成，因為他們從沒有為生活的奮鬥做足準備，這些都是貧窮所加於他們身上的劣勢。」

　　我們到處可以見到極端貧窮的跡象。我們時常看到一張尚且稚嫩的臉龐，愁雲滿面。每天，在每個城市裡，貧窮邪惡的眼睛緊緊地盯著我們。到處可見一些枯萎與殘餘碎片的影子。我們看到一些根本沒有童年生活的孩子，到處遊蕩。我們看到一些年輕人，在社會上倍感壓迫，原本充滿朝氣的臉龐，沒有了笑意。我們可以看到貧窮所帶來的罪惡影響。貧窮意味著最高理想的無望，意味著宏偉計畫的泡湯，讓最為果敢的心靈遭受一連串重要的磨練。窮人無時無刻不在任由環境擺布。他們難有獨立的本錢，無法掌控自己的時間，也沒有條件居住在健康的環境與舒適的房子裡。貧窮是一種邪惡的詛咒，不存在任何一點有價值的東西。而讚賞貧窮所帶來美德之人，無一不是那些落魄潦倒之人。貧窮讓我們負債累累，不得不為了生存而努力工作，原本價值一美元的工作，只能以十美分的價格低價賤賣。貧窮根本讓人不可能保持自身的尊嚴與自尊，談何讓自己變得富有美德，有心思去追求所謂的真理，讓自己變得更有男人氣概呢？我們要明白，貧窮只能讓我們的視野更為狹隘，顯得微不足道與能力的匱乏，難以

看到一絲希望，前景亦是渺茫，對情感也是一種巨大的扼殺，真可謂「貧賤夫妻百事哀」呀！原本生活應該幸福的人們，只是因為生活的匱乏，有時不得不勒緊褲帶，維持一種最基本的生存。每個年輕的男女都設法擺脫貧窮的桎梏，獲得自由，讓自己的心靈獲得無上的自由，不為生存發愁。

我認同霍勒斯·格里利[050]的話。他說，在這個國家裡的每個健康的年輕人，都應該為貧窮感到強烈的羞辱感。我願意讓所有年輕的男女深切地了解貧窮所帶給人們深深的恐懼與絕望。我希望他們能深切地感受到貧窮帶給人們的恥辱感、痛苦以及束縛。這樣，他們才會不顧一切地擺脫貧窮的陰影。

父母們通常沒有灌輸給孩子這樣的觀念，即金錢對實現理想具有巨大的重要性。這是一個高尚的理想，理應得到指引與鼓勵，而不是一味的壓制。許多年輕人的生活之所以免於無望的空虛之中，生活得豐富多彩，正是由於他們不斷地發掘與鍛鍊自身賺錢的本能。如果一個年輕人能坦然面對自己賺錢的欲望，他必然能夠抵禦懶惰與不知何去何從的習慣的誘惑，讓自己養成節儉的習慣，受益終身。

正如愛默生所說的：「正是在我們眼中看來是卑微低賤的沿街叫賣的行為，推動著這個世界不斷前進，讓文明不斷往上一個臺階。」有時候，我們很難去指責富人們的自私，讓窮人們生活於水深火熱之中，分不到財富的一杯羹。因為，無論富人們將金錢投入於建造房屋或是購買豪華的座駕，無論他們花費在豐盛的宴會上或是精美的衣裳上，珍稀的珠寶或是首飾上，建造價值不菲的教堂，購買奢華的遊艇，或是夏日行宮等——無論他們怎麼使用或是花費金錢——別人都會見到或是享受其中，憑藉雙

050　霍勒斯·格里利（Horace Greeley, 1811-1872），美國報紙編輯、改革家。

眼獲取其中的一部分價值。每個個體都努力為實現自己的理想而努力，但大自然的法則將這一切成為了人類的一種福音，推動著人類的不斷進步。每個人都努力著要去超越鄰居，做到最好的自己，這是一個最好的結果。缺乏對金錢所帶來的權力、影響力或是優勢的渴望，自然界怎能將人的潛能推向極致呢？沒有這種欲望，哪來諸如勤奮、堅忍、技巧、謀略或是節儉等品格呢？

對於一雙赤腳而言，金錢代表鞋子；對於在寒風中瑟瑟顫抖的四肢而言，金錢代表溫暖的法蘭絨與厚厚的棉衣；對於寒冷、飢餓的人而言，金錢代表能生火的煤炭，一頓豐盛的晚餐；金錢代表舒適、教育、教養，代表書籍、圖畫、音樂、旅行等；金錢還代表一幢美麗的房子與營養的食物，代表獨立，代表擁有一個行善的機會；金錢代表將能享受到最好的治療。不知有多少窮人正是因為沒有錢去看優秀的醫生或是進行手術而喪命的。當我們勞累的時候，金錢代表休閒，對於病人而言，代表可以換一個新的生活環境。擁有金錢還代表我們每天不需要擔心風吹雨打，餐風露宿；金錢還代表可以甩開一直被貧窮纏著腳跟的沉重負擔。

成為富人或是有這樣欲望的人，是一件值得鼓勵的事情，而不應有什麼負罪的感覺。但是我們在這方面所犯下嚴重錯誤的傾向，就是太急於對金錢的渴求了。

約翰·衛斯理[051]說：「在不違背自己靈魂、損害身體或是鄰人利益的情形下，盡情地追求自己想要的。努力地節省，削去所有毫無必要的開支，盡力地施與吧！」

馬修也說：「有些人的確擁有賺錢的特殊天賦，他們有著一種天生累

---

051 約翰·衛斯理（John Wesley, 1703-1791），聖公會牧師、神學家。

積財富的本能。他們有才華與能力透過交易或是精明的投資，將美元換成西班牙的金幣。他們這種神奇的本能是如此強烈，難以控制，有點像莎士比亞在創作《哈姆雷特》與《奧賽羅》，拉斐爾在創作畫作，貝多芬在譜寫他的《命運交響曲》，摩斯在研製電報時的那種難以壓抑的激動。若是這些擁有如此天賦的人放棄了對此財富的追求，正如讓羅斯柴爾德、阿斯特[052]、皮博迪[053]等人壓制自身的天性，將才華棄之不用，只能成為歷史上的矮子而不是巨人。其實，這也是對自身責任的一種拋棄，讓自身的才華蒙羞。」

金錢從某個層面上可以表明財富所有者的一種品格，彰顯出一種品位、野心，將一個人內心潛藏的欲望表露無遺。亞瑟·海普斯[054]曾說：「在節約、花銷、施與、獲取、借貸甚至是贈予金錢上正確與明智的選擇，可以顯露一個人的偉大之處。」

我經常會這樣想，如果我真的有錢了，我會給在街上我所遇到的前一百個人，每人一千美元，看看他們是如何使用的。我希望了解他們使用這一千美元的來龍去脈。對於掙扎著要接受教育的窮學生而言，這筆錢代表著書籍與上大學的費用。對於追求時髦的年輕人而言，這可能代表著好看的衣服，豪華的座駕、狂歡的生活。對於一個窮苦的女孩而言，這可能用於養活生病的母親，為妹妹買衣服，為她們交學費。對於一些人而言，這筆錢代表著他們可以娶到老婆或是買一幢房子。對於守財奴來說，這不過是在發霉的金庫中又增添了一千美元而已。

一位潛心研究社會各階層經濟狀況的學者說：「有些人說的話真是狗

052 阿斯特（Astor，即 John Jacob Astor, 1763-1848），阿斯特家族第一位顯赫人物，商業鉅子。
053 皮博迪（Peabody, 1795-1869），美國企業家、慈善家。
054 亞瑟·海普斯（Arthur Helps, 1813-1875），英國作家。

屎。聽他們說話，給人的感覺就是，人們如果有一個銀行帳戶、美麗寬敞的房子，合身的衣服，閃閃發亮的鞋子，這些就是魔鬼撒旦的印記。而一個人要想彰顯天使的一面，就只能是那些口袋空空，穿著寒酸衣服，衣食不飽，赤著雙腳，上頓不接下頓的人的生活。事實上，太多的金錢或是赤貧都是邪惡的滋生者。但是，人們沒有認真地觀察或是經過一番思考，他們看不到，一個擁有財富的人，至少可以讓自己遠離債務與飢餓，可以避免沮喪的魔鬼纏繞著我們，而那些貧苦的人在逃脫這個深淵的時候，身心是難以做到不受損害的。」

比徹說：「我以為，相比於窮人而言，富人並沒有受到更多的誘惑，這是我們的人性決定的。我知道，有錢讓人感到自豪，難道窮人就真的是一文不值或是沒有值得自豪的地方？我也知道，有錢容易讓人自私與虛榮，難道窮人就能倖免於此？我知道，富人們可能嫉妒周圍那些炫耀的人，總是在不斷地彰顯自己的富有。難道窮人們就沒有這樣的欲念，沒有這樣的不滿，沒有這樣因嫉妒而產生的爭執嗎？我要告訴你們，這並不關乎富人或是窮人的問題 —— 而是潛藏於種種外在表現下的人性，這才是危險的，才是問題的真正所在。」

曾經最為睿智的禱告是這樣的：「不要賜予我貧窮或是富有。」我只想要「中等水準就行了」。巨富或是赤貧都是一個巨大的負擔，很容易讓人不自覺陷入一個低層次的境地，而這是中等財富的人可以避免的。當一個人累積的財富逐漸膨脹時，就容易變得難以駕馭，成為一匹脫韁的野馬。

「你覺得你新買的馬怎樣啊？」某人問另一人。「我賣了。」另一人回答說。「賣了！不會吧。上次我見你的時候，你們兩個相處得挺不錯的啊！」「是的，但那時我剛剛買牠。幾乎每次我外出的時候，牠都會磨著

牙齒，然後跑開。牠三次將我摔在地上，弄斷了我一根指頭，一隻手臂脫臼，全身都是瘀青。有時我不禁會想，到底是我在駕馭著馬，還是馬駕馭著我呢？無疑，是牠控制著我。我寧願沒有這匹馬呢。」

對於許多人來說，財富就好比「磨著牙的馬」，隨時拋離牠們的主人，摧毀主人原先平和的心境，破壞他們為人的原則，讓他們全身上下全是瘀青。這樣的財富，真的不如不要。但是，也有一些方法來駕馭這匹瘋狂的馬，讓主人成為一位威風凜凜的騎手，掌控著整個局勢。所以，我們要有堅定的信念，一般的常識，謹慎的深思，讓「財富」這匹馬牢牢受我們控制，成為其主人，而不是奴才。而那些自私、守財成性、貪婪與不誠實的富人，實質上牢牢被財富所控制。任何人都不應該被他手中的財富所控制。有不少人讓金錢疏遠了家人的親密，失去了正常的睡眠、健康的消遣或是享受生活娛樂的能力。

其實，有很多人所擁有的東西，原本應讓他們享受快樂幸福，但卻享受不到這些。沒有比看到一個貪婪無比的守財奴，一味地囤積著財富，不願花一毛錢用於自身的舒適或是提升靈魂的深度這樣的情形，更讓人覺得悲哀與可恥的了。

一個吝嗇的財主說：「大約在三年前，不知怎麼回事，我掉進了一口井裡。當時情勢危急，我大聲呼喊，一位狼心狗肺的工人聽到我的呼喊，答應救我上來，但要支付一先令。我拒絕了。第二個人更加貪婪，要我給二十五美分，我與他為此討價還價了十五分鐘。當時，我有點絕望了。這個傢伙看來是不會削去半個零頭的了。但是當時我快不行了。要是沒人看到我那奄奄一息的樣子，我寧願淹死，也不想被他這樣敲詐勒索。」

自私的人怎麼算是真正的富有之人呢？金錢就好比高山上流下來的清

泉，這股清泉讓山下的田野一片盎然生機。當泉水沿著山崖飛奔下來的時候，讓原先的曠野變得一片青綠，讓小草洋溢在它的柔波之中。美麗的花朵沿著岸邊漸次開放，在陽光的沐浴下自在地綻放。但若是這股清泉被阻隔了，山谷就會乾涸，花草就會枯萎，死去。金錢也是如此：當金錢自由地流通與運轉時，成為人類之福；若是這種流通因為囤積、揮霍或是奢侈而中斷了，就成為一種邪惡的詛咒了。這讓心靈堅硬起來，憐憫之心乾枯，成為一片廣闊無垠的沙漠。

看到風燭殘年的老人在街上乞食，是一件讓人感到悲傷的事情；但更讓人感到悲哀的，是即將逝去的百萬富翁，在通往墳墓的路途中，仍選擇讓口袋裡的錢鼓起來，寧願讓心靈枯萎致死，一輩子對錢財的貪婪將人生所有清澈的泉流都堵塞了，窒息著對真、善、美的追求。還有什麼比空有一個鼓脹的荷包，但只有一個空空如也的靈魂更讓人悲哀的呢？這些人其實並非真正意義上的人，只不過是「一個集合了貪念、欲望、狂熱為一體的動物，行屍走肉」。

托馬斯‧布朗[055]爵士說：「慷慨施與吧，不要變得貪婪。要讓每一分錢都花得物有所值。若我們的財富不斷增加，我們的心智也要相應與之同步增加。我們不僅要待人寬容，更要慷慨為人。在你還是金錢主人的時候，儘快施與別人，可能你在金錢的數量上會有些減少，但是在你的生活或是財富行將進入一個不分貧富、人人平等的『另一個世界』之前，你還等什麼呢？」

一位紐約人在與朋友討論關於財富的議題時，這樣說：「我多麼想成為約翰‧雅各‧阿斯特啊！你願意將他所有一千萬至一千五百萬美元的財

055　托馬斯‧布朗（Thomas Browne, 1605-1682），英國作家。

富，只是純粹用在購買船隻或是衣服上嗎？」「不！你當我是傻子啊！」朋友有些不滿地回答說。「嗯。」朋友接著說，「但是，阿斯特他自己就是這樣做的。他深諳此道。他有很多房子、輪船、農場，這些都需要他去管理，只是為了別人的方便。」發問者回答說：「那這樣的話，單是租賃這些物品的話，每年就可以獲得五十萬至六十萬美元的收入啊！」「是的，但阿斯特將這些收入用於建造更多的房子、倉庫與船隻，向更多的人貸款，解決別人的燃眉之急。他明白如此成為金錢的主人。這些都是常人所難以做到的。」

　　一位深有見解的作家這樣說過：「純粹為追求財富而去追求，這並不值得我們為之奮鬥一生。那些以犧牲尊嚴、為人氣概或是生命中最為珍貴的東西，卻只是為了節省金錢，這是最為短淺的看法。金錢的價值在於使用。年輕人千萬不要一心掛在賺錢上，而罔顧那些讓生命更具價值的東西。」

　　能領略世上最美好的東西，最大程度地施與別人，這樣的人生才是最為富足的。真正的富人，是讓別人感到富有的人。其實，富足意味著要有健康的體魄，對自然美麗有著敏銳的鑑賞力，領略藝術、科學與文學上的傑作，與那些優秀的人為伍，擁有一個無悔的過去，有一顆自由與滿足的心靈。

第七章　抓住時機

更多的人只能看到機會，真正既看到又行動的人是很少的。這種勇於把握機遇的人是不常見的。年輕人不能缺乏野心，否則他們很容易陷入別人走過的路。

拉斯金說過：「青年時期實質上就是一個形成、塑造與教育的階段。每個時刻都關係著未來的前景 —— 當這些時刻失去之後，該做的事情沒做，就永遠都追不回來了。倘若不打鐵趁熱的話，就難有成功之日。」

很重要的一點是，人們要懂得創造機會。林肯如此，亨利·威爾遜 [056] 如此，喬治·史蒂文生 [057] 如此，拿破崙如此。所有事業有成的人幾乎都是沿著自己前進的道路不斷前進。別人的機會也許並不適合自己，因為這並不讓我感興趣。我首先要讓自己的想法與目標、能力結合在一起，達到自由控制的程度。因為，所有成就的背後都是個人能力的展現。

只有當一個人真正找到了其人生的呼喚之後，才能真正地去充分利用眼前的機會，讓自己的視野開闊，雙手更加勤快。舉個例子吧。喬治·普爾曼 [058] 剛開始工作只是作為一位櫃檯職員，年薪只有區區的四十美元。而這點微薄的薪資與免費的住宿就是他三年工作的所有回報。之後他辭掉了這份工作，卻做起了搬運的工作。後來，他在一幢建築裡負責搬運貨物。他認真而勤勉地工作，最後他被紐約州聘用負責搬運沿著伊利運河的幾個大型的貨倉。當完成了這些工作之後，他回到了芝加哥，繼續從事相似的工作。當時，整座城市因為要建設地下汙水管道，所以要向下挖八英尺。當他正在芝加哥建築物工作的時候，他暗暗下定決心要改進當時剛剛進入芝加哥與阿爾頓鐵路的簡陋火車。他已經能夠看到未來在車上裝有臥室與客廳的車子將會多麼地受歡迎。他剛開始製造了一輛很豪華的汽車，花費是之前汽車的四倍。之後，他將主要的精力投入到被稱為「普爾曼汽車」的研發上。在他晚年的時候，還是像早年一樣，努力抓住每個機會，最終

056　亨利·威爾遜（Henry Wilson, 1812-1875），美國第十八任副總統。
057　喬治·史蒂文生（George Stephenson, 1781-1848），英國工程師，建造了世界第一條鐵路。
058　喬治·普爾曼（George Pullman, 1831-1897），美國發明家、工業家。

獲得足夠的資金，成立了汽車製造工廠。他時刻跟著時代的腳步。在商界的經營中，他始終謹守自己的商業準則。

記帳那份工作對於普爾曼而言並不算是一個機會，一般的木匠工作也不適合他。但是，對於馬歇爾·菲爾德（Marshall Field）而言，就是一個天大的機會。他能夠在被人失敗的地方取得成功。有時，我們覺得很難從一個成功者與失敗者之間看出什麼差別來。因為，他們往往在一開始的時候，都擁有相同數目的資金，個人的優勢也大抵相同，在一般人看來，的確看不出個所以然。但是，其中一個人更加努力，待客更為有禮，與人友善，更為注重細節，行動更為快捷，每天更早地到達商店開張營業，每天晚上則更遲一點關門，每天在閒暇時間看看與自己從事的商業活動相關的報紙或是雜誌。更為重要的是，他有一個更為清晰的商業計畫。這些在表面上來看都是微不足道的，但卻決定著成功與失敗。

下面是一個有關昌西·傑羅姆[059]的例子。他所接受的教育，僅僅是在十歲之前，於當地學校上了三個月。之後，他的父親就帶他到康乃狄克州的普利茅斯這個地方的一間鐵匠商店工作，負責做釘子。對於當時年輕的傑羅姆來說，金錢是一件稀有物品。他曾為別人砍了一捆柴，才獲得一美分，還時常在月光下為鄰居砍柴，每捆也才十美分錢。當他十一歲的時候，父親去世了。他的母親不得不要把傑羅姆送到外面工作。他的眼淚撲簌簌地掉下來，手上拿著一小包衣服，就這樣到一個農場去工作糊口。他的新雇主每天都讓他早早地起來工作，晚上還要去砍樹。他的鞋子時常都沾滿了雪，因為他沒有錢去買鞋子，實際上，他是到了二十一歲才有了人生第一雙鞋子。而他所得的薪資也只是一天三餐與身上的衣服而已。在當學徒期間，他時常不得不步行三十哩，背著工具箱去別的地方工作。熟悉

059　昌西·傑羅姆（Chauncey Jerome, 1793-1868），美國著名鐘錶製造商。

了這門手藝之後，他就時常這樣做了。一天，他聽到人們談起普利茅斯的艾利·特裡，此人獲得了兩百個鬧鐘的訂單。其中一人說：「在他有生之年，他都不可能完成這麼多數量的鬧鐘。」另一個說：「即使他能做到這麼多，也無法全部賣出去，這真是太荒謬了。」傑羅姆花了很長時間去思索這則傳言。因為，他的夢想就是成為一個傑出的鐘錶製作者。當他獲得機會時，他第一次嘗試的時候，就學會了如何製造木製鐘錶。當他獲得十二座鬧鐘的訂單，每座價值十二美元時，他感覺自己的好運終於到來了。某個晚上，他突發奇想，要是這麼廉價的鐘錶能用木製，為什麼就不可以用黃銅來製作呢？而銅製的鐘錶在任何氣候環境下都不會明顯地膨脹或是變形。他馬上將這個想法付諸行動，成為了第一個銅製鐘錶的生產商。他每天能夠製造六百個，商品出口到世界各地，而他也從中大賺一筆。

首先，我們必須找到適合自己的位置，越早越好。哈佛大學薩金特教授（Dudley Allen Sargent）在作為學生的時候，就已經知道自己的優勢所在。他參加了鮑登學院（Bowdoin College）的體育隊，之後，他不斷地發揮自身的特長，成為美國最為著名的運動教練。他最近在接受採訪時說：「抓住機會是最重要的。即使剛開始的時候報酬很微薄。」年輕人真正學習的，不是他具體所做的服務，而是他對機會的把握。他剛開始工作的時候，薪水一天只有八十三美分。

柯利斯·亨廷頓[060]，著名的鐵路大王，是康乃狄克州一個農民的兒子。他放棄在農場工作的機會，沿著艾利運河沿岸兜售鬧鐘。他在加州開了一間五金行，之後又與利蘭·史丹福（Leland Stanford）一道投身於鐵路建築行業。他總是能從一件事中看到另一個機遇。他充分利用手中的每個

060　柯利斯·亨廷頓（Collis Huntington, 1821-1900），美國鐵路巨頭。

機會。當他看到別人表現得更好，他就會不斷地鞭策自己。這樣優秀的品格同樣出現在約翰·雅各·阿斯特、皮特·庫珀[061]、康內留斯斯·范德比爾特[062]、菲力浦·阿爾穆[063]、安德魯·卡內基[064]以及約翰·洛克斐勒[065]身上。

　　就從商的角度而言，人與人之間的不同之處，就在於他們的感知能力與執行能力——即一種觀察與實踐的能力。世界並不缺乏機會，真正缺少的是發現與利用機會取得成功的能力。就以鐵匠為例吧。伊查博·沃許博恩（Ichabod Washburn）在麻州的伍斯特當鐵匠學徒的時候，還是一個極為害羞的男孩。當他發現，在美國竟沒人製造優良的電線，在英國只有一間工廠壟斷了製造鋼琴的鋼線的生產。他暗地裡下定決心，一定要製造出世界上最優良的電線。然後，他想方設法地以大規模生產的方式去製造。這位之前曾極為靦腆的年輕人，眼界已經變得十分寬廣了。他看到這是一個機遇，就想著如何去實行。他真的就是這樣做了。現在，他所製造的電線成為業內的一個標準。他有著無與倫比的經商能力，最巔峰的時候，能每天製造十二噸鐵線，僱傭了七百多人。他所獲得的財富，大部分都捐給了慈善機構，讓這個世界變得更加美好。

　　俄亥俄州的威廉·斯特朗上校就是一位相當富有遠見的人。當他的年薪在三千美元的時候，一位木材商人邀請他到其商店工作，年薪只有一千二百美元。但，斯特朗是富有遠見的。他看到了這份工作比年薪三千美元的工作更有前景。他毅然接受了這份削減了一千八百美元年薪的工作。最後，他擁有了這間木材商店。

---

061 皮特·庫珀（Peter Cooper, 1791-1883），美國工業家、發明家與慈善家。

062 康內留斯斯·范德比爾特（Cornelius Vanderbilt, 1794-1877），美國實業家。

063 菲力浦·阿爾穆（Philip Armour, 1832-1901），美國著名商人。

064 安德魯·卡內基（Andrew Carnegie, 1835-1919），蘇格蘭裔美國工業家、慈善家。

065 約翰·洛克斐勒（John Rockefeller, 1839-1937），美國石油巨頭。

　　年輕人在剛開始沒有找到屬於自己人生的機會，不斷地更換工作，這種情況是很常見的。英國著名的律師厄斯金（Thomas Erskine）在早年曾在海軍任職。之後為了可以得到更快晉升的機會，他又加入了陸軍。在陸軍服役了兩年，從來沒想過自己的未來該怎麼走。但是，一次偶然的機會，他所在的部隊駐紮在一個城鎮，他去旁聽了一次法院的審案過程。當場的法官是他的朋友，邀請他坐在他的附近。他對厄斯金說，那天早上坐在辯護席上的那位律師，就是當今英國最棒的律師。厄斯金就坐在那裡靜靜地聽著他們的辯論，心裡沒有多大的波瀾。他覺得自己能夠超過他們中的任何一位。那時，他即刻決定了要學習法律，超過他們。現在，他成為這個國家最著名的律師了。

　　更多的人只能看到機會，真正看到機會又行動的人是很少的。這種勇於把握機遇的人是不常見的。年輕人不能缺乏野心，他們很容易陷入別人走過的路。他們經常會這樣說：「這對我來說是個好機會。」但是，他們卻沒有足夠的勇氣，並且對自己能否把握機遇的能力表示懷疑。直到機遇已過，他們才恍然醒悟。但，機不可失，失不再來。

　　三十年前，甲君還是紐約一位花園管理員。一次，他離開家裡一、兩天。一天下著毛毛細雨，不是消費的旺季。但一位顧客此時從遠處趕來，拴好自己的馬，走到農場的廚房裡，兩個年輕人正在剝堅果。

　　「甲君在家嗎？」

　　「不在啊，先生。」大兒子喬說道，手仍然敲打著果核。

　　「那他什麼時候會回來呢？」

　　「不知道啊！可能要過一個星期吧。」

　　此時，另一個名叫吉姆的男孩站了起來，跟著這個人出來。吉姆說：

「你要找的甲君不在啊。但我可以帶你參觀一下啊！」他雙眼炯炯有神，彬彬有禮。本來這位來訪的陌生人有點生氣的，聽他這樣一說，氣也就消了一大半了。吉姆帶他參觀了園林，了解一下樹木，留下了訂單。

「吉姆，你拿到了我們這一季最大的一筆訂單。」他的父親回來的時候，高興地對吉姆說。

喬說：「如果我早想到這點的話。我也會像吉姆那樣熱情的。」

幾年後，他們的父親去世了，給每個人留下了兩、三百美元的遺產。喬在家附近買了一、兩畝田地。他努力地工作著，但仍是一個過著清貧生活的人，對生活感到很不滿。吉姆則從一位移民者手中買了一張到科羅拉多的車票。他在那裡當了數年的牧羊人。他用所賺取的金錢買了一公頃的土地，每畝的價格僅為四十美分。在那裡，他建了房子，結婚生子。他所飼養的羊數以千計。他將自己所擁有的土地賣給城鎮上的人，成為該州最富有的人。

「如果我早想到的話，我一定會像吉姆那樣做。我們可都是一個媽生的啊！」吉姆的哥哥這樣說。

他的妻子則說：「我所做的所有麵包中，所用的材料都是一樣的。但是沒有人敢去吃，因為沒有放足夠的酵母。」

妻子的反駁雖然有點赤裸裸，卻是真心話。這種對機會稍縱即逝掌握的能力，有時是天生的。但這可以透過父母的培養或是兒時的教育養成，只要我們拓寬視野，在任何情形下都能勇敢把握。

歷史上，有很多人把握住了機會，做到了那些缺乏勇氣的人認為難以想像的事情。果斷的行為與全身心的投入讓世界屈服於自己的腳下。

當威廉·菲普斯（William Phips）還是一位來自緬因州年輕的牧羊童

時，他就已經學習了木船製造方面的知識。一天，他遊蕩在波士頓大街上，無意中聽到幾位水手們在談論一艘在巴哈馬島沉沒的西班牙船隻，據說船上有許多財寶。菲普斯當下就決定要找到這艘船。他立即行動起來，在多次無疾而終的嘗試之後，他終於取得了成功，找到了失落的寶藏。

水手們當作茶餘飯後的話題，他真的去做了。他有著一種強大的執行能力。他果敢迅速的行動讓他後來成為了麻州的殖民總督。

歷史上類似的事情是很多的。來自瓜地馬拉城的約翰·奈特在西元1860年的時還是阿拉巴馬州的一名奴隸。在獲得自由之後，他成為一名碼頭工人，負責搬運來自中北美洲水果的運輸。這樣的經歷讓他產生了這樣的想法 —— 即自己也要成為水果種植者。他馬上執行了這個主意。而那些與他一起從事搬運工作的人，也許永遠也不會認為，這樣的事情對一位搬運工而言是能實現的。他從瓜地馬拉政府那裡獲得了五萬畝土地的使用權，然後讓紐奧良的水果承包商，購買價格為二百萬美元的來自瓜地馬拉的水果。從那之後，他就成為了咖啡生產商與紅木的採購商。時至今日，他已經是中美洲最為富有與富有權勢的人。他強大的執行力將他所想的，一一化為現實。

真正成功的人都是那些能將眼前機遇牢牢把握的人。

詹姆斯·萊德是克利夫蘭的一位攝影師。某天，他在看報紙的時候，得知在德國出現了由波希米亞藝術家所創造的一種新的攝影技術 —— 這種技術能夠用精密的儀器將一些陰影去掉，讓照片變得更為完美。讀到這裡的時候，他立即邀請一位來自波希米亞的藝術家，最後終於將這種發源於該地區的技術為自己所用。他及時地抓住了時機，成為了自己事業上最好的幫手，之後，他又滿懷熱情，不斷宣傳拓展自己的業務。在波士頓舉

行的一場攝影展中，萊德為美國贏得了聲譽。

本尼迪教授是一位拉丁文教師。當他聽到打字機不斷敲打的聲音時，他狂喜地說：「我找到了。」他馬上著手這項發明的創造，放棄了原先自己熟悉的拉丁文。後來，他開始生產雷明頓牌子的打字機，獲得了豐厚的報酬。

最近，一位製造界的權威告訴我們，歐洲的許多生產工廠都受制於沒能及時抓住機會。若是在美國的話，若一個人發明了某種優良的產品，那麼，他就會想方設法將這種產品銷往全世界。

菲爾普斯說：「要時刻留心機會。要有技巧，要勇於把握機會；堅持與有耐心，直到讓機會結出最大的成果。這些都是成功所要求的一些美德。」

當你看到屬於自己的機會時，大腦要認真地琢磨，為之計畫，努力地去實現它，為之奮鬥 —— 將自己的心智、力量、靈魂都投進去，成功也就離你不遠了。今日所有的成功人士都具有矢志不渝的決心，目標明確，一心一意。

查平[066]說過：「真正傑出的人，並不是那些一心坐等機會降臨的人，而是勇於去追求、去把握的人，將機會攬入懷中，讓其成為自己的僕人。」

在人生早期的職業中有明智的選擇，在年輕氣盛與充滿希望的時候，在心智高昂、熱情澎湃的時候，選擇正確的事業道路，這將大大縮短我們與成功的距離。

---

066 查平（E.H. Chapin, 1814-1880），美國牧師。

　　我聽到你聽不見的聲音，

　　告訴我不能停留；

　　我看到一隻你看不到的手，

　　召喚著我遠去。

　　一般而言，在人生的早年階段，當人的感知能力尚處於發展的狀態，人的精力大都消耗在了玩耍與毫無意義的工作上了。此時，人們往往會有這樣的一種想法，即成功還是某件遙不可及的東西，有待於我們的發掘，也許是在某一個別的地方，或是與別的人連繫在一起。他們並不認為單憑自己就能取得成功。

　　對於年輕人而言，未來的遠方似乎具有極為強烈的魅力。他們總是在找尋著美好的機遇，一些非比尋常的良好開端。有時真的很難去說服他們，讓他們明白，在這個國家裡，那些真正取得成功的人都是在自己的日常工作中找到真正的機會，而不是跑到別的城市或是國家，想著那樣就可以獲得更好的機會。

　　時至今日，很多年輕人認為屬於自己的機會不多，雖然這是一個機會遍地的國度。他們覺得，要是自己能夠去到諸如芝加哥、舊金山、紐約或是其他的一些大城市的話，就肯定能夠取得成功，但卻看不到農場或是小村鎮裡存在的機會。

　　若是年輕人真能認真地完成在商店或是農場的每個任務，將這些工作視為鍛鍊與培養自己獲取成功能力的機會，培養忍耐與全面的能力，拓寬觀察的視野，讓自己的禮節更有風度，認知到禮貌與謙遜的價值。假如他們真能一一做到這些，將這些能力的培養視為一種走向更高層次的墊腳石，那麼，這就是他們必須要攀登成功之峰所必需的。他們每在這些方面

的能力更進一步，就可在成功的道路上走得更遠。

　　男孩子們總是想著要是自己成為天才，隨心所欲地成就自己所想的，那該多好啊！但又會感到深深的失落，因為自己並不是天才。他們沒有意識到，其實很多人之所以能做到主管、經理或是大商店的老闆，其實從一開始，他們也是從打掃商店衛生的時候一步步走來的。

　　記住，年輕人。讓你不斷獲得提升的階梯就在你的腳下，而不在別處。無論你現在做什麼工作，都要把當前的工作做到最好。如果你忠於工作，認真仔細，小心謹慎，研究下一步應何去何從，那麼，你就可以很快一步一步地提升自己。

　　很多年輕人都在誇大渲染大城市所帶來的好處。他們之所以這樣認為，因為他們覺得，要是在農場或是一個小城鎮的話，就完全沒有機會了。但真正的事實是，歷史上很多最為成功的人，最開始都是在農村找到屬於自己的機會的。當然，他們後來都搬到了大城市，來找尋更大的發展空間，但是他們是從農村找到發跡的機會的。即便在荒無人煙的小村落，只要我們保持幹勁、勇敢直前，勇於堅持，就會找到出路。若是我們渴望知識，不斷希望提升自己的水準，那麼無論在哪裡，都能找到屬於自己的機會。

　　其實，生活在小城鎮更好，舒適、安靜，為我們的思考提供了更好的空間。我們的時間可以不被打擾，自由支配，神經也沒有緊繃得那麼厲害。大城市的那種喧囂、競爭、匆忙與你爭我鬥，讓許多原先身強體壯的人把自己搞垮了，將許多原先在小城鎮能取得成功的人，置於失敗的地步。我並非對大城市頗有微詞，其實它也有自身的優勢所在。大城市為人們接受教育提供了許多良好的機會，這是小城鎮所難以媲美的。但是，我

還是想說，在小城鎮這樣的地方，有很多優勢是足以彌補這些方面的不足的。強健的體魄是所有成功的基礎，而城市則不是讓人們擁有良好體魄的好地方。

年輕人要相信一點，那就是屬於他們真正的財富就在他們的腳下，只等著他們那結實的肩膀與無畏的勇氣去追尋而已。真正的「珍寶」就在他們身上，就在今日他們所處的環境之中，到其他地方的找尋都是徒然。

難道機會就不會出現在自己的家門前嗎？在得知重量為一磅的鱒魚的價錢為一美元時，一位住在新罕布夏州附近的人馬上買了幾本關於漁業養殖的書籍，然後儲蓄來自岩石上留下的水。幾年後，他從養殖得來的收入，遠比在多山的土地上安安穩穩地生活來得更多。

一位年輕的農民說：「我的兄弟史蒂夫與我決定到西部去，我們到那裡開闢一間大的農場，飼養一些有經濟收益的動物。」

他的妻子回答說：「為什麼不在這片土地上飼養呢？除非我們在這片東方的土地上兢兢業業地工作，仍得不到好收成，否則，我是不會跟你去西部的。」

這位年輕人陷入了深思，他決定在一大片荒耕的土地上種植草莓，為鄰居提供水果。後來證明，種植草莓的回報是豐厚的。於是，他決定開墾其他荒地來種植水果。現在，他的水果農場是該州收益最好的。

一位鄉下人久病初癒，一天在無聊地削著柔軟的松木，為在院子裡玩耍的小孩子做了一個玩具。他的玩具做得活靈活現，鄰居的孩子們都要求他做這些玩具。他很快就將自製的玩具賣到了他所住的社區。後來，隨著健康情況不斷好轉，他展開了更為廣泛的玩具業務，將產品遠銷海外。

正是一位剛從內戰歸來的麻州的士兵，在觀察到一隻小鳥在剝稻穀的

外殼時，他深受啟發。他以小鳥為原型，發明了脫殼機，全然改變了稻穀生產的過程。

　　難道生活中機遇不就是在我們的門前嗎？一位來自緬因州的男子從乾草場趕回來，為身體殘疾的妻子洗衣服。之前他從沒有想過如何洗衣服，覺得這樣傳統的洗法太慢了，太耗時了。他努力發明了一種洗衣機，大賺一筆。一位來自紐澤西的理髮師發明了指甲剪，變得富有起來。正是這種小型、看似一文不值的發明，正是社會所亟須的，也是極具利潤的。如何固定手套的發明專利者都能從中獲得幾十萬美元的收益。領鉤的發明者每年可獲得價值二萬美元的版稅。袖扣的發明者在五年內獲得了五萬美元的回報。一位婦女扭曲了一下髮夾，使之更加牢固。他的丈夫見此，就決定製造有波紋的髮夾，從中獲利。

　　我們不要說類似於「我做不了這，做不了那」的話，這是毫無意義的。至少，你還可以睜開雙眼，培養自己觀察事物的能力，然後再評估一下可行性。一位來自緬因州佩諾布斯科特地區的婦女，現在已經生產出了超過一萬二千雙連指手套了。她說：「我是在西元 1864 年開始的。在一間 15×20 英尺的小房間裡，創業資金也不過四十美元而已。我所生活的小村莊，工作的機會很少，許多婦女的日常工作就是在家手工編織些東西。在開始的第一年裡，我們所利用的紡線還不足二十五磅。但是我成功地讓城鎮裡一千五百多人都編織我所要的手套。從西元 1882 年，我開始購買機器，之前每雙耗費二十五美分的手套，現在的成本只有六美分了。」這位女士名叫康登。她與鄰居的不同之處就在於：別人只是想想的東西，她卻實現了。

　　一位聰明的美國婦女擁有了一塊溼地，她問別人這裡可以用來做什麼。「這塊地只適合青蛙繁殖。」、「如果青蛙在這裡能夠生長的話，那我

就在這裡養殖青蛙，然後賣到市場。」她取得了極大的成功，接連買下了周圍幾塊溼地，擴大了養殖青蛙的範圍。現在，她所養的青蛙在市場上供不應求。

堪薩斯城有一位名叫馬斯維爾的年輕女士，為了生存，她開了一間擦鞋的培訓機構。她僱傭了一些擦鞋者，讓他們在城市一些適合的地點工作。很快，她所獲得的純收入就是之前開辦機構的五、六倍。在維持日常的費用支出之餘，她將多餘的資金投入關懷那些遭遇不幸的人。她有個完整系統的計畫，支持那些以擦鞋為生的人與在街上的孤兒。這些人都成為了她的朋友。她每天花費幾個小時來維持正常的營運，她的那種受人歡迎的性格與自信的方式獲得許多資金的贊助。她所做的慈善行為則幫助了這個城市的窮人。她的這個例子是很有借鑑意義的。

在上述這些例子中，他們在一開始都沒有充足的資金，也沒有到很遠的地方找尋機會，也許只是為成功準備的時間長了點。生活的最高層次的成功，通常是將原先為之苦苦做好的準備完美地發揮出來，獲得最大化。

當喬治·柴爾斯[067]十二歲的時候，隻身一人到費城工作。在那裡，他的薪水滿足了自己的日常生活之後，僅剩五十美分。在吃住的花銷之外，在一年的工作之後，只有二十五美元的積蓄。但這是一個適合他的機會，然後他緊緊地抓住了。

「我並不只是做自己應該做的。我做自己力所能及的，全身心地投入。我希望雇主能夠明白，我比他對我的期望值更有價值。我並不在意生火煮飯，做些清潔或是大掃除之類的工作，做一些現在許多紳士們認為是卑微的工作。就是在我當跑腿的時候，我獲得了閱讀書籍的機會。在晚

---

067 喬治·柴爾斯（George W. Childs, 1829-1894），美國出版商。

上，我跑到書籍的賣場，了解一下書籍的價格，學習一些有關日後所需的知識。我有一個遠大的理想，我總是希望自己能夠不斷前進。

「我住的地方附近有一間戲院。許多演員都認識我。所以我有機會進去，觀看他們的表演。當然這是很多孩子都會去做的事情。我想了很久，覺得我再也不能這樣了。一個年輕人不應該受到其他誘惑，為了娛樂自己而放鬆對自己工作的要求。至少，這是我個人對此的一些看法。我是一個樂觀的人，對自己的工作充滿了興趣。在完成之後總能感到一種成就感。

「幾年後，當我在一間公共財務公司工作的時候，我對自己說『我遲早要有一間屬於自己的公司』。我為這個目標努力工作著。當時機成熟後，我有能力成立一間自己的公司，也有能力使之正常地營運。」

關於年輕人應該如何為人生的機會做準備方面的闡述，《年輕人的陪伴》一書中的一個故事可以更能說明此理。約翰·格蘭特在一間五金行工作，週薪只有二美元。在他工作的第一天，雇主就對他說：「讓你自己熟悉這一行的所有細節，成為一個有用之人吧。當你證明了自己的能力，我們將會重用你的。」

在經過幾週細心的觀察之後，年輕的格蘭特他發現，雇主總是要親自核對一些外貿出口的貨單。這些貨單都是以法文或是德文書寫的。他決心努力學習有關這些貨單的知識，學習商用的德語與法語。某天，當雇主工作十分緊迫時，格蘭特主動提出為他核對貨單。他做得十分出色。所以，下次有類似的貨單，經由他處理也就順理成章了。

一個月後，他被叫進辦公室，店裡兩位主管詢問著他。其中一位主管說：「在我四十多年的工作生涯中，你是第一位看到機會，並且積極把握的人。我總是要等威廉先生來到之後，才能開始工作。他之所以成為五金

行的合夥人，就是因為他能負責這方面的業務。我們希望你能負責外貿這部分的工作。這是一項很重要的任務。事實上，我們很有必要找一位能幹之人去擔當這個職務。你現在才二十出頭，就已經看到自己的潛力，並且努力讓自己發揮出來，前途無量啊！」

格蘭特的報酬提升到了週薪十美元。在五年的時間裡，他的薪水就達到了一千八百美元，還被派往法國與德國學習。雇主說：「約翰·格蘭特這個年輕人，可能在不到三十歲的時候，就能成為公司的合夥人。他能掌握機會，並願意為此做出必要的犧牲。這是值得的，非常值得。」

迪斯雷利說過一句名言，即成功的祕密在於當機會來臨時，自己已經完全準備好了，勇敢把握。

阿諾德說：「我們時常稱為人生轉捩點的時刻，其實就是我們之前不斷努力的一個成果而已。任何機緣都青睞那些之前早有準備的人。」

現在，很多雇主都時常會這麼說，一個年輕人若是在工作的時候，在日常的商業活動中沒有在某一方面做好等待機遇的準備，那麼當機遇到來的時候，他們只能眼睜睜地看著這些良機從自己身邊溜過。

海軍造船廠最近公布的一份資料表明：將有四十多位勞工會被建築維修部解僱，因為他們的技能不足。但在第二頁，卻有這樣的字眼：尋找適合的人，還附有一個很小的副標題：政府的監察人員未能找到從事三種海軍管理工作的人才。在所有參加考試的應聘者中，沒有一人能夠在船廠管理、漂浮技術或是銅鐵方面有過人的技術，沒能達到政府在這方面對人才的標準，導致這些職位空缺著。

人類文明的進步，總是不缺乏機遇的存在。我們周圍充斥著機會。但是，抓住機會，最大地利用，這才是我們需要考慮的問題。要是我們自己

不努力去爭取，誰也幫不了我們。加菲爾德總統（James Abram Garfield）說：「時機可能就是讓士兵們沖上戰場的號角，但是號角本身並不能讓人成為一名訓練有素的士兵或是取得戰爭的勝利。生活不就是一座不斷學習的大熔爐，一個不斷自我學習的過程嗎？」

這是一個物質飛速發展與日新月異的時代。新的時代正向那些擁有勇氣與決心的人招手，讓他們在二十世紀大展宏圖呢！下一個世紀將更加需要訓練有素的人，在某個領域中出類拔萃的人。那些凡事只懂一點皮毛的人將不再吃香。那些擁有專業知識與自律的人將是二十世紀的領航人。他們所獲得的獎賞將是以往任何時代所難以媲美的。所以，年輕人一定要接受良好的教育，在某一領域中有自己的特長。

對於那些識時務者、富有精力與能幹的人而言，無論是從機遇的數量或是層次上都大為拓展了。對接受教育的年輕人、辦公室的新員工或是職員而言，只要他們抓住機會，就能收穫成功，這是一個顯而易見的道理。之前，可能只有兩、三個職位，現在則需要五十多個；之前需要僱傭一個，現在則需要一百個。

在過去一百年裡，我們的機遇是在不斷地增加，超過了以往任何一個時代。創造發明大大改變我們這個世界的面貌，在藝術與科學上的跳躍式發展為我們在許多新興的領域中發展打下了基礎，產生了許多新的社會需求。對那些有理想、勇於前進的人而言，這是一個是否再往上攀登的問題。「往上爬」是未來的呼喚。

世界有許多扇門，許多機遇，關鍵能否抓住。所謂人生，亦不過是一個不斷拓展、深化與昇華上帝賜予我們天賦的機會，讓人的身心處於一種和諧、均衡與美感之中！難道人生的最佳的機遇不是服務別人嗎？等待年

輕人的許許多多機遇，都是需要他們在智力與道德眼光上不斷提升自己。賺錢與生活的最大目的，就是奉獻。

第八章　幻想的英雄

這個世界上充斥著那些「將要成為英雄」的幻想英雄。他們的心中都整天等著成功，但是卻不想腳踏實地，只想走捷徑。

　　這個世界上充斥著那些「將要成為英雄」的幻想英雄。要是沒有這樣或那樣的阻礙或是挫折，他們已經成為成功人士了。他們的心中都整天等著成功，但是卻不想腳踏實地，只想走捷徑。對他們而言，按照一般的管道來獲得成功，這樣的代價實在太高了。他們總是妄想著可以一步登天，不用爬上那些惱人的階梯。他們希望在人生中取得勝利，但卻在戰鬥開始之前就已經臨陣退縮。他們總是希望走在舒坦的道路上，道路順暢，沒有一絲的阻礙。他們壓根不知道，其實正是火車與鐵軌的摩擦，抵消了引擎四分之一的動能，這樣才使火車能平穩地前進。要是將鐵軌的摩擦消除掉，即便引擎發出巨大的動能，但輪子卻會打滑，火車一步都無法前進。

　　一位懶惰的傢伙抱怨自己不能養活自己的家人。另一位誠實勞動的人說：「我也不能，但我必須為之不懈努力。」

　　羅馬人在他們的宮殿裡有美德與自尊兩個座位。這樣，人們只有在走過第一個座位的時候，才能到第二個座位。這也是我們不斷前進的法則——美德，工作，自尊。「讓我們努力工作吧。」這是羅馬皇帝西弗勒斯死前對聚在一起的士兵們的最後一句話。勞動、成就，這是偉大的羅馬人的座右銘，也是他們之所以能夠稱雄世界的重要原因。即便是戰功赫赫的將軍，在凱旋後也要從事農業生產活動。在當時，農業具有舉足輕重的地位。對於羅馬人而言，別人稱自己為著名的農業家，這是一種最大的恭維與讚譽。因此，許多大家族的名字都是與農業的術語相關的。例如，西塞羅[068]一詞，就是來自一種「鷹嘴豆」的穀物，法比烏斯[069]是來自於一種馬鈴薯。在古代，許多農業部落都曾輝煌一時。那時，住在城市的人被認

068　西塞羅（Cicero，即馬庫斯·圖利烏斯·西塞羅，西元前106-西元前43），古羅馬著名政治家、演說家、雄辯家、法學家和哲學家。

069　法比烏斯（Fabius, 西元前280-西元前203），古羅馬政治家、將軍。

為是一群懶惰與沒有骨氣的人。即便強大如羅馬帝國這樣的國度，其根基都是與人民的勤勞分不開的。當羅馬帝國搜刮了數量巨大的財富與俘虜了許多奴隸之後，多餘的勞動力讓原先的居民不再需要勞動了。此時，羅馬帝國由盛轉衰的歷史開始了。一個原先讓世界為之驕傲的城市，最終卻因為一群深陷懶惰的人的腐敗與荒淫，在歷史中成為一個反面的笑話。

維多利亞女王並沒有只是耽於享受安逸的生活。在她工作範圍裡，她是一位不折不扣的勤奮之人。她精通歐洲幾國語言，在晚年，還學習了印度斯坦語，因為這是她管轄的數百萬臣民的所用的語言。

無論是君王或是一個普通的農民，或是平凡的男女。但是如果你看不起體力勞動的話，那麼自己就出現問題了。巴爾的摩一位名叫波拿巴的人將一把掃帚帶回家，面對別人疑惑的眼神，他說：「這是屬於我的。」一位華盛頓的記者曾這樣描述道：「昨天，我看見山姆·休斯頓將軍（Samuel Houston）。他曾擔任德州州長，現在是一位國會議員。他像納皮爾爵士（Archibald Napier）一樣，穿著一件整潔的襯衫，帶著一條毛巾，一塊肥皂，還有一把梳子。」騰特登爵士曾自豪地讓自己看看他父親曾經為了一分錢而開的理髮店。路易·菲力浦（Louis-Philippe）曾說過，他是歐洲唯一一位真正正統意義上的統治者，因為他能擦黑自己腳上的鞋子。

當羅馬帝國一位最著名的演說家說：「所有的藝術家都是在從事一項可恥的職業」時，羅馬輝煌的歷史也就逐漸暗淡了。對希臘人而言，當亞里斯多德說出「最有規範的城市是不能允許一位手工者成為居民的。因為那些靠手工生存的人，或是被別人僱傭的人，很難做出什麼有美德的事情來。有些人天生就該是奴隸」這樣的話來，整個雅典都為之蒙羞。但有千千萬萬比西塞羅或是亞里斯多德更偉大的人，他們的人生與生活的榜樣

讓人們認知到勞動的重要性，將勞動的價值重新發揚出來，讓勞動這種行為得到人們的重視，給予勞動者應有的尊嚴。

　　一般年輕人對商業行為都有一種莫名的反感。他們可能從小接受教育的時候，就覺得從事這方面工作的人是不夠文雅的，看不到其實發揮自己的特長才是衡量偉大的標準。無論是在政府部門、銀行或是大的企業，根據不同的職業，對「紳士」一詞的看法是不一樣的。他們會努力地工作，然後等待晉升為行政人員。但是這漫長的等待時間足以讓他們在部門裡獲得一個更好的位置。他們不是讓自己更加獨立起來，而是寄人籬下。這些職業對一些階層的人具有強烈的吸引力。他們不喜歡體力勞動，甚至是厭惡。他們認為只有擺脫了體力勞動就可以輕鬆地生活，在一些比較自由的職業中獲得更好的職位。他們認為，相比於在競爭殘酷的商業中，無知甚至是無能反而可能獲得更好的機會。一種裝模作樣的工作，看起來感覺挺有架勢的，但卻十分懼怕真正需要才幹與努力的工作。要是你與他們在一起的話，就會知道他們完全缺乏工作的熱情。當他們還是學生的時候，就已經很懶惰了，當他們一通過考試，書本就不知道扔到哪裡去了。

　　正是這種人，他們對工作有一個錯誤的觀點 —— 若他們真的在這方面有什麼的理想的話 —— 就是不斷地沿著蒙特蘭博警告的方向走遠。這只會讓個人為了薪酬與政府的職位而激動起來，將國民的愛國熱情一一吸乾，最後只剩下一幫奴顏婢膝的人，毫無作為。

　　不要將自己的工作看得過高。所有正當的職業都是值得我們尊重的。真正讓我們道德墮落的，不是兢兢業業的工作，而是我們工作時所抱持的敷衍的態度。如果你真的是那種正如吉朋所說的「只想著自己要拿的薪資，忘記了自己要履行的義務」的人，那麼，對你雇主乃至你自己而言，

你的作用是卑微的。不要將自己的工作只是看作賺錢的手段。「我們可以選擇輕鬆的工作，但是絕對要有真誠的態度。」這是一張英文報紙上招聘助理牧師的口號。繁重的工作，要有良好的態度──這才是那些真正取得成功的人所擁有的人生態度。一般來說，那些喜歡「輕鬆工作」的人，絕對不會勇於主動出擊。將一項工作僅僅看作維生的一種手段，這是對工作本身的極大的蔑視。造物者可能已經給我們準備好了麵包，他可能讓我們永遠都居住在豪華的房子裡。但他有一個更為宏大與高遠的視野。當他製造人類的時候，就不止想讓人類僅僅是滿足其獸慾或是私欲。人類還有一種可能性，這是多麼奢華的伊甸園都無法獲得的。當初將人類驅趕出伊甸園的詛咒，實際上帶給了人類難以估計的美好。從那以後，人類就必須要透過自己的辛勤汗水來獲得麵包。所以，上帝讓人類不僅在為生存掙扎，更是在此基礎之上，為了幸福與美好而飽經苦難與挫折，才能實現自己最高的理想與幸福，這不是沒有深意與苦衷的啊！「我們的動機總是可在我們缺失的地方找到。」

蒙格說：「只有一個明確與堅定的目標，這才是通往成功的大道。這需要我們更為重視品格、修養、地位與成就。」

拉斯金曾寫道：「只有透過勞動，思想才能變得正常；只有經過思想，勞動才能變得有趣。這兩者不能分離，否則將受到嚴厲的懲罰。」

為什麼在同一張畫布上，有人畫的是祈禱主題，卻能帶來數十萬美元的回報，為什麼別的藝術家卻只能得到可憐的一美元呢？這是因為米勒將價值數十萬美元的腦力勞動都投入進去了，而另一位藝術家只是將價值一美元的勞動用在畫布上。

鐵匠將價值為五美元的鐵打造成馬蹄鐵，能獲得十美元的報酬。一位

刀匠將同樣的一塊鐵打造成一把刀，能獲得二百美元的收益。一位機械師將這塊鐵製作成針，從中能獲得六千八百美元的收益。一位鐘錶匠將這塊鐵造成了手錶的時針，能獲得二十萬美元的價值，而製成時針，則能獲得二百萬美元的價值，這是同等重量下黃金價值的六十倍！

　　所以，關鍵是我們如何利用上天賜予的天賦。做一些我們必須要做的事情，絕對不能將這些拋掉，因為懶惰是一種詛咒。有人將自己的工作完成得圓滿且富有價值，有人則是毫無目的地在修補或是破壞原先的計畫，也許當他們年老的時候，就會感到這種缺陷，到時再想縫補起原先掉落的碎片，是很困難的。但是，看到自己一生所留下的巨大遺憾，這未免讓人有所感慨。「一位農夫也許是辛辛那圖斯（Lucius Quinctius Cincinnatus），也許是華盛頓，也許只是一位淳樸地道的農民。」

　　在羅浮宮裡，展覽著一張牟里羅（Bartolome Esteban Murillo）創作的畫作，在畫裡面，有一位修女在廚房裡，工人們都是白色翅膀的天使，而不是凡夫俗子。有人將一壺水放在火裡燒，有人優雅地將一桶水提起，一個人則是穿著廚師的服裝，手伸向盤子。所以，平凡如此的生活都值得世人甚至是天使的關注。真正賦予這幅畫精髓的，不是這幅畫所描述的景象，而是背後所透露的態度。若這是一幅乏味的畫作，這是因為創作者讓它成為這樣子。

　　正是我們的工作理想，才讓我們與別人區分出來。隨著年齡的增長，一個不斷擴大的目標貫穿著生活，正如太陽從早到晚的表現，時而猛烈，時而虛弱。人也是如此，視野可能不斷拓寬，也可能逐漸狹小。根據你對自身的判斷是不斷拓展還是縮小，我們的工作也可能隨之變得高尚或是低俗。你是一位認真的工人嗎？你能在磚石中看到「詩意的存在」嗎？或

者，你只是看到一杯杯啤酒與一包包香菸？你是一位書籍愛好者嗎？你能夠閱讀自己辛辛苦苦整理的書嗎？ —— 僅憑著我的信念與堅忍，今天的我比昨天成為一個更好的人。你是一位對教學工作已經厭倦的老師嗎？你能對自己這樣說「因為我今天看見一個孩子如此耐心，以後我的教學工作要更有技巧與耐心」嗎？

那些只是從一個外人的角度或是物質報酬乃至一些尋常的觀點來看待自身工作的人，必將感到生活的無趣與單調。因為，他們覺得自己的工作根本毫無意義，既沒有什麼有趣的，也沒有任何價值可言。這就好比從外面觀看教堂的窗戶，由於時間的洗禮，變得暗黑與生銹。在單調與無序的工作中，任何事情的意義都失去了。但要是我們走進教堂的門檻，步進裡面的話，馬上就能看到繽紛的色彩，優美分明的線條，稜鏡清晰可辨。陽光在玻璃窗上做著追逐遊戲，真是大飽眼福啊，給人一種超脫出藝術的感覺。人類的行為也能這樣，我們必須要從事物的根本去看問題，要從事物的形式來探究其深含的本質。沒有了這種探究的眼界，視野就會暗淡起來 —— 我們所看到的景象，取決於我們所站的高度。

能從工作內部的潛能去看待工作的人，就不會認為這是對自己的一種詛咒，而是一種特權，讓自己在這個世界上自立起來，不論他是受命運青睞或是與命運之神擦肩而過，都是如此。一個生活有追求的人，是不會太在意生活本身的。這樣，他就能漸趨完美。

第九章　成功的代價

在決定自己以後的人生之路何處何從之後，我們為之所做的準備工作就會顯得更具價值。你將會遇到這樣一個問題：自己願意為自己所從事的工作付出多大的代價？

俗世之物，焉能償付如此之高的代價？

但，正是凡人，才能擷取。

—— 華特・雷利[070]

愛默生說：「上帝以一定的價格，將某些東西賜予某些人。」我們只需要翻翻那些成就偉業的人的自傳，就會清楚地發現，上帝是以一定的價格出售他們所取得的成就。你永遠也不可能發現成功是被「低價出售」的。

在決定自己以後的人生之路何去何從之後，我們為之所做的準備工作就會顯得更具價值。你將會遇到這樣一個問題：自己願意為自己所從事的工作付出多大的代價？如果你願意付出相應的代價，那麼，你就能獲得自己想擁有的。

假如你像伽利略那樣因為宣稱發現了一些科學事實就被關進大牢，你還敢在牢裡用稻草來演算嗎？若是你發明了一臺機器，在上市的時候超過了其他所有的同類機器，但你想造福於世人，不願獨享，後來卻被別人將成果盜走了，正如發生在伊萊・惠特尼[071]與艾利司・哈維身上的故事。這會打擊你再次發明創造的熱情嗎？在暴徒將你辛辛苦苦經營的磨坊機器毀掉之後，你還有全新的熱情去重新開始嗎？你能像塞繆爾・摩斯那樣為了電報的專利等待八年，然後還要為它的推廣做出巨大的努力？你願意在自己發明了翻草機之後，還要親自付錢給農民，讓他去嘗試其效果，因為他們說這會將種子剝出。倘若你像麥克米克（Cyrus Hall McCormick）那樣發明了收割機，然後還要抵擋住大眾輿論的衝擊，堅持在英國推廣，報紙甚至譏諷這種發明只是介於阿特斯戰車與獨輪手推車的不倫不類的東西，

---

070 華特・雷利（Walter Raleigh, 1552-1618），英國貴族，作家，詩人。
071 伊萊・惠特尼（Eli Whitney, 1765-1825），美國發明家。

甚至還訕笑為一個飛行器！但他不為所動，堅持自己的發明。你願意像奧特朋那樣常年住在樹林裡，只是為了重新繁殖一種被挪威鼠破壞的北美鳥類？在功成名就之後，你願意像塞勒斯・菲爾德那樣，放棄自己辛辛苦苦獲得的休閒，投身於數年單調的工作之中，投入所有的財富，還要面對所有人的嘲笑，想將大洋兩岸透過電纜連線起來，這在許多人看來是天方夜譚。你能像他那樣依然故我嗎？

威名蓋世的拿破崙在功成名就之前又為成功付出了哪些代價呢？他足足等待了七年時間才獲得了任命，這期間是極為艱苦的。在這段看似閒暇的時間裡，他接受了軍事教育，透過研究與不斷的反思深化自己對軍事的理解。這讓他可以教那些老兵一些戰爭藝術，以及他們從來沒有想到的戰術。

當米開朗基羅在西斯汀教堂繪畫的時候，為了能從助手們那得到一些建議，要自己沿著長長的梯子，提著水泥做壁畫。他經常和衣而睡，所吃的麵包都是在咫尺範圍。因為他不想將時間浪費在吃喝上面。在他的寢室裡，始終有一塊大理石，這樣當他晚上起來或是夜不能寐的時候，也可以隨時起床工作。他最喜歡的裝置是一輛適用於老人的手推車，上面有一塊玻璃，刻著「我仍在不斷學習」這樣的字眼。即便在他眼瞎之後，他也會叫別人用輪椅推他到觀景樓，用手感來檢查雕像。讓這些作品獲得永生，是他一生的夢想，也是他要為此付出的代價。

你對藝術的熱情能夠像維尼特那樣，將地中海波濤洶湧的情景描繪出來，讓觀者覺得彷彿有一種置身其中的感覺？

你能像韓德爾[072]那樣具有耐心，用自己的手指一點一滴地將大鍵琴的洞口挖空，形狀卻如調羹的碗狀？

---

072 韓德爾（Handel，即 George Frideric Handel, 1685-1759），德國裔英國戲劇家、音樂家。

　　泰爾[073]說過：「真正的成功都是需要付出代價的。我們選擇付出或是繞開。」優柔寡斷與目光短淺的年輕人希望能夠在某天以一個『低價』來收獲成功，但這就如商人一味地囤積商品，總想以最低的付出收穫最大的回報，最終只會損失慘重。任何成功都是需要付出一定代價的。那些想著可以走捷徑或是可以少付出的人，到頭來還是虧了自己。首先，我們要找準道路，對於旅行者而言，這可能是平坦也可能是狹窄的，也有可能是崎嶇不平的。但若是我們想要達到心中夢想的目標的時候，這是我們必須要走的道路。

　　班克羅夫特[074]認為自己的二十六年時間花在美國這片土地上是值得的，這讓他成為了「美國歷史的一部分」。而著名史學家吉朋則耗費了二十年時間來鑄就《羅馬帝國衰亡史》。

　　盧梭[075]心甘情願為自己的文學風格付出努力。他說：「我的手稿是十分凌亂的，到處畫滿符號，字跡難辨。這也從側面反映了我在創作時候的艱辛。每一篇文章我都要經過四、五次修改，才能發表。有段時間，五、六個晚上，我都會在自己的腦海裡反覆思考同一個問題，最後才敢動筆寫作。」

　　牛頓在耗費多年心血演算的論文，最後竟被自己一條名叫「寶石」的狗毀掉了，但他毫無所動，只是重新再寫了一遍。卡萊爾將《法國革命》（*The French Revolution*）的手稿借給一個朋友，那位朋友粗心大意的僕人竟然用這些手稿當柴生火了。卡萊爾也沒什麼，只是靜靜地重新再來。若你身處他們兩者所處的狀況，你有勇氣去支付成功的代價嗎？

073　泰爾（Thayer，即 Ernest Lawrence Thayer, 1863-1940），美國作家、詩人。
074　班克羅夫特（Bancroft，即 George Bancroft, 1800-1891），美國歷史學家、政治家。
075　盧梭（Rousseau，即尚 - 雅克‧盧梭，1712-1778），法國著名思想家、教育家。

　　你是否希望接受教育，但又覺得沒有獲得的途徑呢？其實，只要你有足夠的毅力與恆心，不論是不是當地缺少學校或是教師，沒有書籍或是朋友，貧窮或是健康不佳，抑或自己天生耳聾、眼瞎，被飢餓、寒冷、疲乏折磨著，或是心中感到痛楚。此上種種，都不能阻礙你獲得一份良好的教育。

　　你沒有錢買書嗎？想想法羅·威德吧。他為了能在晚上借助一個甘蔗園的營火看書，不惜步行兩公里雪路，腳上只是包裹著幾塊破地毯，向別人借回一本自己嚮往已久的書。當林肯還小的時候，他也時常要來回步行十公里路，去借一本自己買不起的書籍。

　　一位煤炭工人的兒子，由於家庭貧窮，沒錢買書。他就借別人的書，抄下了厚達三卷的書籍以及整本《利特爾頓的煤炭》。他就是後來的愛爾頓爵士，當任議長職務長達五十年之久。

　　還有一個孩子，家庭貧苦，只能靠自己雙手去努力。但他對知識有著極為強烈的渴望，決心要出人頭地。他把編織稻草所賺來的錢用於買他日思夜想的書籍。他就是賀拉斯·曼（Horace Mann），麻州一家公立小學的校長。他與韋伯斯特的雕像緊緊挨在一起，矗立在州政府，讓後人去緬懷。

　　格拉斯哥一位學習製作手套的學徒，他窮得甚至沒錢買蠟燭或是火柴，但他每天晚上仍借助著街上商店櫥窗的燈火來學習。當商店關門後，他就爬到一座燈柱上，一隻手緊緊抓住柱子，另一隻手則拿著書。這位貧苦的孩子的學習條件比絕大多數的美國孩子都要艱苦，但他後來卻成為蘇格蘭最著名的學者。

　　當你匱乏到無法買麵包時，只能勒緊褲帶緩解一下飢餓的痛感，你還有動力繼續去學習嗎？就像塞繆爾·德魯或是約翰·基托（John Kitto）那樣？

　　世上根本不存在什麼捷徑。所謂毫無挫折的說法只是忽悠人的。當你發現前路只有一條荊棘叢生的道路時，你有足夠的勇氣走下去，而不是東張西望、左右踟躕嗎？

　　你想成為一名演說家，讓自己的思想影響別人嗎？你願意在海邊花上數月只是對著大海練習發音，就像狄摩西尼[076]那樣嗎？你願意像他那樣，為了擺脫習慣性的聳肩動作而裸著肩膀，在一把懸掛著鋒利的劍下面不斷練習嗎？當你站在法納爾廳，像溫·菲力浦[077]那樣遭受別人的噓聲與臭雞蛋的招待，你能繼續保持冷靜，不為所動嗎？你能像迪斯雷利[078]那樣，當他在議會上說的每句話都招來一陣噓聲的時候，你還能面不改色嗎？你能像他那樣，堅守自己的陣地，直到最後贏得批評者的掌聲嗎？你能像柯倫那樣，在議會發表意見的時候遭到陣陣的嘲笑，仍然有足夠的勇氣堅持下去嗎？你能像薩文娜羅拉、柯布頓、謝里登還有其他人那樣，在第一次嘗試失敗之後，不管之後反覆的失敗，仍然有足夠的勇氣堅持下去嗎？如果你剛開始就像小時候的丹尼爾·韋伯斯特[079]那樣，靦腆與害羞，不敢當眾發表演說。你會繼續堅持下去，直到自己成為著名的演說家嗎？

　　一個年輕人向奇蒂請教學習法律的方法。「那你能夠不抹奶油就吃乾麵包嗎？」奇蒂這一看似唐突的要求卻反映了一個年輕人要想取得聲名，就必須要苦其心志，勞其筋骨。

　　牢牢地下定決心，明白：真正成功的人都是經過艱苦奮鬥過來的。我們不能奢望著去找一份輕鬆的工作。要想在工作中感受到自己存在的價

076　狄摩西尼 (Demosthenes, 西元前 384- 西元前 322)，古希臘著名政治家、演說家。
077　溫·菲力浦 (Wendell Phillips, 1811-1884)，美國著名的反奴隸主義者、演說家。
078　迪斯雷利 (Disraeli, 1804-1881)，曾任英國首相。
079　丹尼爾·韋伯斯特 (Daniel Webster, 1782-1852)，美國著名政治家。

值，就必須要將自己身心與靈魂投入進去。我們必須要有堅定的信念，抱著必勝的信心，不要理會別人的譏笑或是諷刺，歷經困難與嘲笑，卻不被他們擊倒。那些將原先人類混沌的文明帶到高層次的道德準則的人們，他們在不斷攀登的時候，也提升著別人。他們並不是單靠幸運或是財富的，不是沒有經過自己奮鬥的懶人。他們習慣了挫折與打擊 —— 並不懼怕陳舊的衣服與清貧。他們靠自己的雙手拼得自己的麵包。

　　如果你像他們這些人這樣，你終將會成功的。如果沒有這些品性，不論你心中懷抱多大的夢想，最終也只是水中花，鏡中月。

第十章
拉斯金的座右銘

時間正是我們所亟需的：在智者手中，這是一種美好的祝福；在愚者手中，則是一種詛咒。對於智者，時間意味著為一種永恆而不斷做著準備。

在拉斯金書桌上的一塊大玉石上刻著「今天」二字。

時間正是我們所亟須的：在智者手中，這是一種美好的祝福；在愚者手中，則是一種詛咒。對於智者，時間意味著為一種永恆而不斷做著準備。對愚者而言，這則是一個不斷重複自我沉淪與不可彌補的損失的擂臺。那麼，在你手中又是怎樣呢？你是一位惜時的人嗎？作為一個工人，你充分利用了時間不斷熟悉工作，增加自己的價值嗎？一個以自己智慧為世界做出貢獻的人，以自己愛國之情聞名或是以慈愛受到鄰居擁戴的人，這些人必定是珍惜分秒的人。一個將一小時細細分為六十部分的人，像守財奴一樣牢牢守住每一個銅板，那麼你就不會浪費每一分鐘。

有人曾做過統計，指出了每天早上五點起床與七點起床的巨大差別。若是以四十年的時間長度來算的話，假設兩人晚上同一時間點睡覺的話──那麼，前者相當於多活了十年！迪恩·斯威夫特（Dean Swifts）曾說，他還沒有認識一位有名望的人，早上是喜歡賴在床上的。其實，很少人是在晚上工作，以確保自己的工作不被中斷的。電話的發明者亞歷山大·貝爾就是一個特例。他喜歡一覺睡到中午，然後晚上專心工作。

拿破崙每天用於睡覺的時間只有四個小時。當布羅漢姆爵士成為英國最著名的人時，他每天也是只睡四個小時。克波特曾這樣寫道：「還有誰比我所做的工作量更多的？在我的一生中，一天三餐從來沒在餐桌上用餐超過三十五分鐘的。」本尼特主教也說，自己每天早上四點鐘就起來學習了，同樣類似的情形也發生在朱維爾主教（John Jewel）與湯瑪斯·摩爾（Thomas More）身上。語言學家帕克赫斯特每天早上五點起床。歷史學家吉朋則不論冬夏，每天早上六點鐘起來學習。拜訪阿博斯佛特的人們常常會有這樣的疑問：他怎麼還有時間用於學習呢？因為他總是花時間去招待客人。

面對這樣的疑問，他說，在他們上床睡覺的時候，他在「埋頭苦讀」呢！

　　在給父親的一封回信中，坎貝爾爵士這樣解釋自己不能回家的原因。他說：「我要想獲得成功，就必須比別人更加勤奮。當別人去看戲的時候，我必須還要繼續待在書桌上；當別人呼呼大睡的時候，我必須還要挑燈夜戰；當他們到鄉村玩耍的時候，我必須還要留在城裡繼續學習。」一個年輕人要是在人生起步階段有這樣的勁頭，懂得珍惜時間與實現自己心中的理想是密不可分的。

　　一位富有的銀行家說：「我曾經也經歷過身無分文的窘境。但許多年以來，我都是在太陽升起來之前，就已經投入工作了，每天一般都要工作十五到十八個小時。」

　　巴爾德博士說：「這位佛蘭克林先生真是勤奮到了極點。在我所見的人當中，沒人能出其右。當我晚上從俱樂部下班的時候，他仍在工作。第二天，當鄰居起來之前，他早已又在那裡工作了。」

　　兩個年輕人在一位木匠那裡當學徒，白天都非常忙碌。其中一人將晚上空閒的時間用於學習，另一人則慫恿他「扔掉那些老掉牙的書本，到外面找點樂子」。但總遭到他的拒絕，因為對他來說，晚上的學習時間是不夠的。他在默默地學習，很快就對自己所做工作的每個細節都瞭若指掌了。某天，報紙上有一則徵求州政府建築設計方案的報導，中獎者有二千美元的獎勵。這位年輕的木匠決定將自己的設計方案投稿。他靜靜地做著設計，毫不理會別人譏笑他不自量力。最終，他贏得了獎賞。當他在勤奮學習的時候，另一位年輕人則在消磨著時間。現在，這位曾經喜歡出外找樂子的人仍然只是一個技術低等的工人，每天所賺的錢，仍不能維持家人的生活。

　　如果你想了解一位年輕人的真正品格，就看看他是如何對待閒暇時間的。看看這些時間對他意味著什麼。在被別人所扔掉的那些零碎的時間裡，他不斷接受教育，提升自己，或是閱讀一本他覬覦已久的書呢，還是去看一場拳擊比賽，到酒吧喝上幾杯，或是到賭場試試運氣，參加賽馬或是打打桌球呢？勤奮這種習慣一旦養成，其實也就擷取了成功的重要祕密。有計劃有規律地節省時間，讓每一分秒都最大化，讓每一個「今天」都由每一個碩果累累的「小時」組成吧。

第十一章
微粒的頻率與蜜蜂的嗡嗡

有能力的人與無能的人之間的主要區別,只是一個方法的問題而已。做事有方法的人,總是會以一種有序、系統的方式來安排自己的工作,這樣可以節省身心在不經意間被無謂地消耗掉的能量。

茫茫宇宙，皆有秩序。

小如微粒，規律跳躍。

—— 愛默生

蜜蜂辛勤地工作，

依照自然的天性，

井然地打造著一個有序的王國。

—— 莎士比亞

所有生物都是按照一種神性的法則創造出來的，一般而言，這種力量、協調與美感是貫穿於我們的天性的。它們與造物者的指引相一致，讓四時有序，反覆輪迴。

有人說，有能力的人與無能力的人之間的主要區別，只是一個方法的問題而已。做事有方法的人，總是會以有序、系統的方式來安排自己的工作，這樣可以節省身心在不經意間被無謂地消耗掉的能量。而在毫無章法可言的人看來，這是沒有必要的。在相同的時間內，前者要比後者收穫更多，而且在工作中能感受到其中的樂趣，這是後者所難以想像的。

一個學生要總是三天打魚兩天晒網，有時興致來了，就認認真真地多學幾個小時，想彌補一下前一天因為沒有心情而落下的功課；或是因為他抵擋不住來自社會的誘惑而沒有上的課。這樣的生活態度，不論是在學校還是社會上，都是難成大氣候的。音樂老師告訴學生們，那些每天堅持練習兩個小時的學生，要比那些毫無練習規律的學生進步更快。因為，後者可能在某一天裡，心血來潮練上六到八個小時，然後就休息兩、三天了。也許，他練習的總時間要比那些有規律的學生更多，但是他們這種隨心所欲的學習方式，效果卻將大打折扣。一般人不說，就連諸如帕德雷夫

斯基（Ignacy Jan Paderewski）這樣的音樂天才與諾帝卡與山布里奇這麼著名的演唱家，每天都要堅持練習，以讓自己達到一種可以「隨時演唱」的狀態。一位著名的歌劇明星曾這樣對身邊親密的朋友說：「要是我有一天忘記了練習的話，我就覺得自己的聲線下滑了；要是我不練兩天的話，我的朋友就會注意到；要是三天不練的話，觀眾們就會察覺。」

拉斯金極為重視秩序與規律，甚至將兩者稱為「比力量本身更為高尚」。它們對塑造成功生活的重要性絕沒有被誇大。各行各業出類拔萃的人都將他們取得的成功歸結於在兒時養成的習慣。正是這種從小養成的習慣讓他們有序地安排事情，讓時間得到了最充分的利用。要是父母們從小就培養有條理與有序的習慣，堅持以下兩條著名的格言：「世間萬事，皆有其理」、「世間萬事，皆有其序。」這絕不是鸚鵡學語，而是正確生活方式的基本原則。倘能堅持這些原則，世上失意的人將減半。失序與困惑，缺乏方法與體系，這些容易滋生心理與道德上的疾病，讓我們活得不順心與悶悶不樂。

我們經常會有這樣的疑惑：為什麼一些能力平平的人竟能比那些更有能力的人取得更大的成就呢？稍微探究一下就可知道，兩者的差別在於前者更好地利用時間，養成了事事有條理的習慣。一個做事有條理的人，即使自身能力一般，也能取得不凡的成績。而一個能力超群的人，要是沒有養成系統與有序的習慣，也是難有作為的。沒有嚴密的組織與秩序的話，任何重要的組織都是很難建立起來的。諸如約翰·沃納梅克、馬歇爾·菲爾德與菲力浦·阿莫爾這樣建立巨大企業的人，無不具有管理組織的天才與深諳規律的重要性。

阿莫爾說：「在我的一生中，我總是跟隨者太陽的腳步。無論在六十歲或是在十六歲，習慣都是很容易養成的。每天，我在五點半或六點的時

候吃早餐，然後步行到我的辦公室，此時已經是早上七點了。我深切地明瞭，要是我們都不需要等待別人過來催促我們工作的話，這將是一個多麼美好的世界啊！中午，我一般吃麵包與牛奶。午飯後，我通常還要睡一下，這讓我的身心重新煥發活力，為下午的工作準備好精力。晚上九點的時候，我一般都是上床睡覺了。」

誰能估量這種有序計畫的生活習慣，在阿莫爾成立芝加哥著名的阿莫爾研究中心過程中發揮的巨大作用呢？

美國一間最大的零售商店的管理監督員說：「這間商店的所有事務都按照規章制度運行著。這是唯一成功的運行方式，一間大商店就好比一支軍隊，在每一步運作上都必須小心謹慎。一步走錯，可能就意味著幾千美元的損失，正如在戰場上，一個錯誤的戰術可能造成大量的人員傷亡。我們必須小心計畫每一步，避免錯誤的發生。我們僱傭了二千百名員工，每位員工都知道自己的職責所在，這樣業務就能有條不紊地展開了。有時，我甚至感覺我們好像只是僱傭了二十二名員工而已。」

拿破崙說：「在我腦中，不同的事情被有條理地分類著，就好像一個個抽屜一般。當我想中斷某一個思想，我就關上儲藏那些思想的抽屜，打開另一個我所想的抽屜。這些並不是混在一起的，既不會讓我感到疲憊，也不會讓我感到不便。我從不會被腦海中那些不自覺湧現的思緒影響自己思考。如果我想休息，就把所有的抽屜都關上，然後我就睡覺。每當我想休息的時候，我都能安然入睡，幾乎是可以自己隨心所欲。」

對一般人而言，任何領域的成功在很大程度上都是取決於養成有序與規律的習慣。

雜亂無章與缺乏條理只適用於那些極少數的天才，他們的知識早已溢

滿，難以進行精確的統計，只能隨便地扔下幾顆珍珠，讓讀者或是聽眾們花費心思去串聯起來。布馮說：「即便是天才，要是沒有規律的話，也僅剩四分之一的能力了。天才們時常變換生活規律，有點讓人捉摸不透，有時莫名地讓人不解；而有才華的人則是循序漸進，穩紮穩打，他們的成功源於有規律與有條理的工作。」

路德[080] 在周遊各國與積極的身體力行之後，近乎完美地翻譯了《聖經》，讓整個歐洲為之一震。只有一個詞可以解釋他的這種創舉。每天，他都有一套嚴格的做事計畫。當別人問到他是如何完成這一巨大成就的原因時，路德說：「每天，我都翻譯一點點。」沒有這種近乎嚴苛的生活計畫，他是不大可能在別的工作之外完成這種翻譯工作的。在他一生中，留下了七百卷的書籍。約翰·衛斯理大部分時間都在周遊與傳教，但在七十歲之前，他已經很悠然地寫下了三十二卷八開的書籍。朗費羅（Henry Wadsworth Longfellow）在相對短的時間裡，每個早上抽出時間完成了但丁《神曲》的翻譯。

當代一位最負盛名的作家與演說家在被問到如何完成這麼多作品時，他說道：「我只是有序地安排時間而已。」

如果阿佛烈大帝[081] 沒有因為身為英國國王聞名的話，那麼他也會被世人認為是一位著名的學者與作家。透過有條理地安排自己的時間，不浪費任何分秒，他成為那個時代最有學問的人。歷史學家告訴我們，他每天將二十四個小時劃分為三個相等的部分，其中一部分作為處理公共事務與國家的政務；另一部分用於閱讀、學習與宗教的研究；第三部分用於鍛鍊身體，參加諸如騎馬、狩獵與各種體育活動和娛樂，然後就是休息睡覺。當

080　路德（Luther，即 Martin Luther, 1483-1546），德國牧師、神學教授，開創了宗教改革。
081　阿佛烈大帝（Alfred the Great, 849-899），韋塞克斯國王，以擊敗了維京人的侵略而聞名。

時，鐘錶還沒被發明。所以，他利用六根長度一樣的蠟燭界定時間，每根蠟燭的燃燒時間為四個小時。蠟燭被放置在宮殿的大門上。當一根蠟燭燒完之後，牧師就會給予他提醒。

　　規律與方法才是真正掌握時間的法寶。深諳此道的人才能最大限度地利用時間。這些人享受自己的工作，因為他們是以一種有序、漸進與完整的方式展開的。整個過程沒有半點倉促與讓人茫然和不知所措的感覺。他們能夠按照先前的計畫，有條不紊地將事情做好。

　　條理與秩序不僅讓我們節省體力，而且是過上一種健康、快樂生活的必經之路。索籍（Robert Southey）說：「條理，這是心靈正常、身體健康的表現，也體現了一座城市的和諧，國家的安全。它的重要性就好比支撐房子的大梁，身體的骨頭。所以，它是極為重要的。」

　　卡恩船長的船隊被北冰洋的冰山牢牢包圍，幾個月都沒有突圍的跡象。但是，他仍然要求自己的船員打起精神，讓他們不要被疾病或是物資的匱乏而精神萎靡。他要求船員們必須嚴格按照原先每天的職責，履行自身的義務。後來，卡恩船長就這段艱苦歲月做了一個說明。他說：「在那段決定生死的日子裡，這不僅是為了我自己，而且也是為了船員，所以，我們必須要有一套嚴格的秩序與系統的行動。要是讓他們屈服於自身的生理要求或是一些放縱的行為，那麼，我們誰也活不了。當時，我就下定決心，一定要按照原先做事的規則。每個小時任務的安排，一些職責的細節的交代，還有宗教的祈禱，餐桌上的禮儀，以及生火、點燈、放哨，查看周圍的救援人員。我們以潮汐以及天空的變化情況為標記。總之，在那麼艱苦的情況下，我們仍然沒有中斷日常的生活規律。」

　　世上沒有比毫無規律與章法地工作更讓人無所適從與事倍功半了。當一個年輕人養成了這樣的習慣，那麼，他的一生注定是一場悲劇。而那些當工作完成之後就把原先的知識扔掉的人，讓自己時常感到困惑。他們是正走在一條失敗的道路上。

　　不論你是老闆或是員工，從商或是做其他行業，有序的安排將所有應該做的事情都簡化了，做起來更為舒暢。無論是一架製作多麼精良的機器，運行得多麼順暢，若是事先沒有正確的操作步驟的話，也只能陷入停頓狀態。成功之人都有一套正確的工作方法，事先在腦海中有一種全方位的思考。他們的工作幾乎不會陷入不知下一步該怎麼做的情況，而是理清頭緒，對事物的優劣有一番感知，然後小心謹慎地執行，以求取得最佳的效果。

　　上帝是有秩序的上帝。世間萬物都是按照一個既定的原則創造的，而不是雜亂無章的。若我們違背祂的意志，反著做，那麼，這樣一個沒有計劃與系統的生活和所有法則與秩序背道而馳。

第十二章
銘刻在磐石上

格萊斯頓說：「最好將字刻在磐石上，而不要辛辛苦苦寫在沙灘上。」與其廣泛地了解很多事情，不如精通一行。

格萊斯頓說：「最好將字刻在磐石上，而不要辛辛苦苦寫在沙灘上。」

與其廣泛地了解很多事情，不如精通一行。上帝創造人類的時候，並沒有想著要讓每個人同時成為醫生、律師、鋼琴家、木匠、機械師、速錄師或是從事其他職業的人。那些真正事有所成的人都是將精力投身於某項事業中的。

麥金利校長向德州工業大學的學生們發表演講時說：「你們所要做的，就是要盡力做好某件事，掌握某項技能。如果你們真正精通某一項本領，勝過別人的話，那麼，你就永遠不會失業。」一位成功的製造商說：「如果你能做出品質優良的針，這比你去製造一些性能低劣的蒸汽機、發動機更強。」誰不討厭或是厭恨一件半途而廢的事情呢？如果這是正確的，就勇敢地去做；如果是錯誤的，那就一點也不要去做。這個世上有誰聽說過三心二意的人能在事業上做出輝煌成就的？

某位鐵路工作人員說：「大約在半個世紀之前，我剛走入社會，賺錢養家糊口。當時，我就下定決心，一定要闖出一番屬於自己的新天地。我在一間五金行裡找到了一份工作，就是做一些打雜的工作，一年的收入只有可憐的七十五美金。當我工作三個月之後，有一天，一位顧客過來買了很多日常用品，諸如熨斗、平底鍋、水桶、天窗、煤鉗等等。因為他在第二天就要結婚了，所以現在提前一天添置一些家庭用品。這也是當地的一個習俗。這麼多的用品都被打包在一臺獨輪手推車上，這對那頭毛驢來說有點不堪重負。但當時我可以說是出於自願的，我很高興地去幫他搬運這些物品。一路上也比較順暢，直到一段泥濘的道路上，也就是現在的第七街區。輪子陷進了一半，我也無法推動。這時，一位好心的愛爾蘭人駕著一輛運貨馬車過來，將我的獨輪車與貨物拉起來，並且幫我送到顧客的門

前。我細心地盤點著這些貨物清單，然後就推著這輛空空的獨輪車吃力地走回去了。雖然很累，但是我高興地在一路上吹著口哨，有一種勝利的感覺。但是，讓我意外的是，我的老闆竟然沒有為我支付給那位好心人的一塊銀子報銷。但是，在第二天的時候，一位商人過來找我，告訴我，他昨天看到了幫助顧客的情景，發現我有極大的工作熱情，特別是我在處理自己運送的貨物時的那份小心謹慎。他看中了我那份在艱難時仍樂觀的心態與做事周全的態度，決定聘用我到他那裡去做商店職員，年薪五百美金。在得到我老闆的同意之後，我接受了他的邀請。可以說，從此以後，我就平步青雲了。」

你可能時常會有這樣的感慨：為什麼自己總是在原地踏步呢？為什麼當你覺得自己是那位應該被提拔的人時，結果卻是別人呢？但是，你有沒有真正想過，自己是否真的值得被提拔或是晉升呢？你對自己負責的業務細節都瞭若指掌嗎？能夠做到像一位藝術家那樣仔細研究自己將要作畫的帆布嗎？你有沒有認真閱讀過與自己行業有關的書籍，以拓寬自己的知識面與視野，讓自己為雇主發揮更大的價值，增添自己獲得提拔的籌碼呢？你是自己這個行業中最優秀的員工嗎？如果，你對這些問題的回答不是肯定的話，如果你不比自己周圍的同事更有資格，那麼，你又憑什麼獲得提拔或是晉升呢？

無論你從事什麼行業，都要深入研究這一行業，要比自己的同事了解得更多，知道得更多。自己要下定決心，在自己所屬的行業或領域中要做到最好，讓別人對你刮目相看。我們要樹立起自己在某一行的權威地位，對事務瞭若指掌，這對你是有巨大優勢的。這不僅能夠讓你免去許多工作上的尷尬，也讓你不至於在一些緊急情況中手足無措，無以應對。在自己

的工作中，沒有什麼事情是微不足道的，沒有什麼是不值得我們關注的。讓這句話成為你的座右銘吧：無論我做什麼，我都要做到最好。

某人曾帶著非常驚訝的口吻去問一位成功人士：「你是如何做到如此優秀的？」

「其實，很簡單，並沒有什麼祕訣可言。我只是在某段時間專心做好一件事，努力地去完成它。做到最好。」

世界上還有哪個國家比美國出現更多人浮於事的情況嗎？你肯定聽說過，一些技術根本不過關的石匠或是木匠草草地將一棟房子建好，幸好在人們入住之前就被一陣狂風吹倒的故事吧！你肯定聽說過，一個本領還不到家的醫學生在手術臺上雙手顫抖，簡直是把自己手術刀下的病人的生命當兒戲，這都是因為他在學校的時候沒有認真下苦功全面學習所致。一位對法律術語都模糊不清的律師，打起官司來，只能讓自己的客戶為他在學校時沒有好好學習買單了。還有一些知識只學了一半就跑去當牧師的人，站在講壇上支支吾吾，不知所云，對著臺下的人說些狗屁不通的話，毫無教益。以上種種例子，在我們這個國家裡出現得還少嗎？如果你不認真地為自己的工作做充分的準備，那你能將自己的失敗歸咎於社會嗎？世上還有什麼比精通更有需求的呢？大自然的造化也要花上一個世紀的時間讓一朵玫瑰花或是水果不斷演進，到達我們今天所看到的美麗的花朵或是可口的果實。但是，現在生活在這片土地上的年輕人，他們卻不願意這樣做。有些年輕人東拉西扯看了一點法律上的書籍，就想著自己已經有足夠能力處理一些棘手的案件了，或是僅僅在聽了兩、三節課的醫學講座，就覺得自己已經有能力給病人開刀了，全然不理會病人的生命就懸在自己手上的重要性。

　　法國的路易十四繼位的時候，他發現在一群富有知識與教養的人中，自己就是一個沒有文化的野蠻人。他狠狠地訓斥了那些兒時的監護人，讓他沒有從小就獲得知識，處於一種無知的狀態之中。他曾大聲喊道：「在楓丹白露的這片森林裡，難道不是有很多白樺樹嗎？」

　　要是一個人在成長的過程中，意識到自己擁有良好的天賦，但卻因為在兒時沒有獲得充分的發展而始終達不到應有的高度，這是多麼讓人感到遺憾啊！許多人的人生之所以失敗，只是因為他們在少年時期沒有養成以適當、仔細與精確的方式做事情的習慣。

　　如果一個年輕人養成了凡事只做一半或是三心二意與散漫的態度，總是拖拖拉拉的習慣，對手中的工作漠不關心，只是想著可以臨時抱佛腳，靠著一時的應變或是欺瞞來騙過老師，那麼，他終將會發覺，自己到頭來是害了自己。如果他帶著這些習慣上大學的話，他也照樣不會準備課程，習題做得很爛，每次只是剛剛好能夠勉強通過考試，然後就這樣混了幾年，也許還要走一些後門才能獲得學位證書。如果他從商的話，那麼，他與別人的交易也會漏洞百出，因為他沒有一套規劃或是計畫，習慣性地散漫，有時自己也把自己忽略掉了。在他所處的社區裡，他沒什麼影響力，因為沒人對他做事的方法或是判斷力有信心。這樣的人總是在犯錯：早上到銀行上班又遲到了；他簽核的帳單又被老闆責罵；他經常錯過一些重要的會議，讓所有對他抱有希望的人深感失望。他總是認為，自己不應該注重這些無關緊要的小事，沒必要花心思在這些方面。他寫的書也沒有一點嚴謹可言，他寫的論文或是信件從來都不會分類；他的辦公桌上總是堆滿了各式各樣的文件檔案，雜亂到自己都不知道該從何整理。這樣的人不是失敗者，還能是什麼呢？與他當同事的人都深受其害。他的這種行為舉止

是會傳染的。每個與他一起工作的人都會受其傳染，他們就會覺得老闆是不拘小節，對業務的要求沒那麼嚴謹或是周全，員工自然也會有樣學樣。這些缺點與錯誤的辦事方式在他們的工作生涯中難以細數。

許多有著很高天賦的男女，之所以始終無法擔當一個重要的職位，與年輕時期上學的時候養成的凡事沒有做到最好的習慣有關。在他們每天的工作中，始終會出現這樣或那樣的新問題有待解決。因此，我們可以說，做事不周全，做事不嚴謹，這才是對自己精力的最大浪費呢！

無論是男是女，當他們明知自己沒有做好一份工作，卻獲得一份優渥的薪水時，他們的所為就好比小偷從別人的口袋偷錢。這個事實是很多人都不以為然的。這種人浮於事的態度，對別人的正當利益視而不見，這其實是對人類相互信任這一法則的無情破壞。這些人很難真正地明白，一個人要是拒絕履行自己應盡的職責時，他其實是在傷害自己，讓自己的靈魂蒙羞，這不是金錢本身所能彌補的。

一位年輕女士曾在寫報告的時候說，自己並沒有盡最大的努力去為老闆做事，因為「自己所得的報酬也不高啊」。正是這種因為薪水不高而不盡心去做事的心態，讓許許多多年輕人難以在這個社會立足。薪水微薄並不是馬虎做事的藉口。我們所領的薪水與我們做事的品質兩者沒有任何關係。

品格是成功的一個重要因素，你給老闆的個人印象就能說明這一點。否則的話，這會吸引別人的眼光。

紐約一位百萬富翁曾告訴一位作家，當他還是個年輕人的時候，他做出了一個口頭上的協議：在紐約一間大型的乾貨商店裡任職五年，週薪為七點五美元。在他工作第三年結束的時候，這位年輕人已經學會了如何檢

驗貨物的能力。另一家商店提出給他三千美元的年薪，讓他出國負責採購工作。他說自己並沒有向老闆提起過別人的邀請，壓根沒想過要提出廢除原先那份週薪七點五美元的口頭協定。許多人或許說，這個年輕人真是傻得可以啊，為什麼不接受這份邀請呢？但是，他最後成為了這間商店的高級合夥人。在他長達五年週薪只有可憐的七點五美元之後，支付給他高達一萬美元的年薪。因為商店的管理層看到，他所帶來的效益要比他薪資高出許多倍。最後，這位年輕人還是獲益者。假如他對自己這樣想：他們只是給我七點五美元的週薪的薪水，我每週也只能得到這麼可憐的錢。那麼，我為什麼還要費力為公司賺取五十美元的利潤呢？—— 這種想法在當前許多年輕人心中是盛行的。那麼，既然你有這樣的想法，難怪你會奇怪，為什麼自己始終止步不前呢？

年輕人初涉社會的時候，應該要有一個信念：無論做任何事情，都只有一種方式，那就是不管報酬多少，一定要把事情做到最好。

當你拿著薪水卻做著垃圾一般的工作時，這不只是你在欺騙自己老闆，更重要的是，你是在欺騙自己呀！當你馬虎工作的時候，老闆受到的損害並沒有你自己的一半嚴重。對他而言，這只是一個損失錢的問題，但對你而言，這卻是一種品格與自尊，為人原則的缺失！我們的品格、自尊都是從日常的工作與思想中一點一滴累積起來的。任何人都承受不起在生活當中編織一些腐朽或是韌度不好的毛線的後果。

菲爾德斯說：「有些婦女縫補的衣服總是很容易脫線，她們打結的鈕扣，稍有點碰觸，就會掉下來。但是，也有其他一些婦女，她們用相同的針與線。你可以隨便折疊她們做的外套或是外衣，即便你上下跳動，鈕扣也是縫得緊緊的。」

　　班傑明·富蘭克林對自己的女兒說：「薩利，這些扣眼真是做得太爛了。沒人願意穿這樣的衣服的。如果你要做扣眼的話，就要做最好的扣眼。」

　　富蘭克林不僅僅是「言傳」，他更是走到街上，請來一位裁縫師，讓他教薩利如何用正確的方法做好扣眼。

　　這位美國著名哲學家的曾孫女最近說了一段逸事，最後還驕傲地說：「自從那以後，富蘭克林家族製作的扣眼就一直是最棒的。」

　　格萊斯頓曾教育自己的孩子，無論他們做什麼事情，一定要有始有終。無論所做之事是多麼不顯眼。

　　一天晚上，麥可·法拉第（Michael Faraday）在燈光都熄滅的時候，離開講臺。他不小心掉下了手上拿著的一些東西。當他摸黑尋找的時候，一個學生說：「先生，假如你今晚找不到的話，沒關係的。我敢肯定，明天一定會找到的。」法拉第說：「是的。但這對我是極為重要的。這也是我的原則。當我決心要找到的時候，就一定要找到為止。」

　　德爾塞特公爵最喜歡的一句箴言是：「要麼就不要做，要做就做到最好。」

　　法蘭西斯·維爾蘭曾說過一個故事：有一個學生簡直是把學校當成遊樂園，學習根本不用功，成績極差。對此，他辯解說：「我日後並不想成為老師之類，我想做律師。」但是，一位糟透的老師，會是一位優秀的律師嗎？

　　當丹尼爾·韋伯斯特還是年輕律師的時候，有一次他到附近的法律書店找遍了，都找不到自己想要的書。最後，他花了五十美元買了幾本自己需要的書，因為他需要翻看與這個案件之前一些相關的權威判決或是先

例，而他的委託人只是一位貧窮的鐵匠。他最終贏得了官司，但是由於客戶家境貧寒，最終，他只獲得十五美元的報酬，連買書的錢都不夠，更不用說付出的時間了。幾年後，當他來到紐約的時候，亞龍·博爾就一件即將要呈交給最高法院的重要與讓人頭痛的案子請教他。他看了一下，發現這與當年那位鐵匠的案子差不多，只是名字上有些出入。由於之前對此已經做了極為深入與全面的調查，這對他而言有點像簡單的乘法表。當博爾就一些問題請教的時候，他說，這些法律的先例最好可以追溯到查爾斯二世的時代。他口若懸河，事情的邏輯與脈絡被他梳理得井然有序。博爾大為震驚，問他之前是否處理過類似的案件。「當然沒有。我也是在今晚才知道你的這樁案子的。」他說。「很好，繼續。」當韋伯斯特將整個脈絡講完了，他獲得的報酬足以補償自己早期為客戶打官司所浪費的時間或金錢了。但是，他所獲得的獎勵不僅僅是金錢，他因為自己工作的卓越表現而站在更高的事業起點上。

　　一位著名的英國律師，學習多年才獲得了律師證書。他的事業並不順利，經常要連續地跑幾個巡迴法庭。有一次，一個朋友給了他一件毫無希望的案子，案子涉及巨額財產。整件案子的關鍵是倫敦行政區成立的具體日子，這根本就查不到啊！這位年輕的律師接手這件案子，彷彿自己的生命就與打贏這件官司連繫在一起。他記得，克里斯多夫·威仁爵士的習慣就是將教堂成立的日子刻在拱心石上。而這個行政區原先也是屬於威仁爵士管轄的教堂之一。之前所有找尋具體日子的努力都證明是徒勞的。這位年輕的律師有著強烈的預感，具體的建立日期就在刻著這些信條與訓誡的背後。他憑著三寸不爛之舌說服了教堂司事。之後，他每天晚上一點點地拆掉那些灰泥，找到了那個日期。最終，他贏得了這樁官司，後來，他還當上了議長。他曾幽默地說，自己的成功始於當初在晚上打碎那些戒條。

法國著名的外科醫生布林登，有一天去為紅衣主教杜・波伊斯做一個極為關鍵的手術。在傳統的專制制度下，這位主教算是屬於首相的級別。當布林登走進手術室的時候，主教說：「你可不能像在你醫院對待那些草民那樣，以那樣粗暴的方式對待我啊！」布林登不卑不亢地說：「我的天啊！每個飽受疾病煎熬的人，在我眼中都像閣下你這般尊貴，正如首相一般。」

追求完美是溫・菲力浦的一種讓人難以置信的性格。他說的每一句話都要準確地表達自己的想法，每個語句的長度都必須要適中，音調要適宜；在說出每個句子的時候，都必須要有一種平衡感。他是美國歷史上第一位能言善辯的演說家。他演說時節奏與停頓的掌握真是讓人折服。

傑佛瑞曾這樣問麥金利：「你到底是怎樣學到這種英式發音的？」

麥金利回答說：「當我還是個孩子的時候，我就很認真地閱讀書本了。在每一頁的頁底，我都會停下來，然後逼迫自己對自己所讀的段落有一個總結式的回顧。剛開始的時候，我至少要讀三、四次的時候才能記住。但到現在，當我看完一本書的時候，我幾乎能從第一頁複述到最後一頁。」他還說，還小的時候就經常聽到別人純正的英式發音，自己後來狠下功夫才模仿下來。他將這些都歸功於母親的建議。母親曾經這樣寫信給他：

「聽到你在毫不費力的情況下，就能在各方面都得到別人的讚賞，作為母親很為你感到高興。我知道，寫作對你而言是很容易的一件事。你寧願寫上十首，也不願認真修改一首。但是，兒啊，卓越不是一開始就能獲得的。在你得到他人認可的時候，一定要不斷地反思。有空的話，可以獨自出去散散步，仔細將每件事的來龍去脈想清楚。要盡心將每件事做到完美，之後就可以少費點心思了。我總是很贊同一位年老的無神論者哲學家的一句話。當一位朋友安慰這位哲學家，因為他本應得到上天的恩賜，結果卻被一些不應

得到的人獲得了。哲學家淡淡一笑：『是的，但我會繼續希望得到上天的這些恩賜的。』我親愛的兒子，我希望你能仔細品味這句話。」

　　即便像謝里登這種被世人視為擁有超群天才、說話字字珠璣的人，都要對自己演講的主題有詳盡的準備。當世人允許他呼呼大睡的時候，他早就起床了，為晚上的演講做著充足的準備。據說，他不斷地修改著講稿。即使不是他最傑出的喜劇作品，他都要不斷地演講幾次。因此，他能出口成章，睿智的語錄時不時自覺地說出來，也就不出人意料了。

　　在貝多芬的音樂作品中，基本上沒有哪個小節不是他不斷修改幾十次以上得來的。在他的草稿本上對一首曲子有多達十八次的修改，其中對結尾的合唱曲修改達十次。塞耶曾說，即便對那些最為優秀的歌劇而言，最先的想法都是十分零碎的，要是沒有這些手稿的存在，很難想像這些就是偉大音樂家貝多芬個人真實想法的寫照。貝多芬最著名的格言就是：眼前的障礙並不是對那些有志者或是勤勉的人發出這樣的信號：止步吧，前面沒路了。

　　許多狗尾續貂的事情都抵不過一件做得完美的事情。半途而廢的工作只是一種浪費，就像一個流產的計畫一樣。所有真正偉大的人都是那些有始有終的人。

　　有人曾問約書亞·雷諾茲[082]：「你是怎樣在自己的職業上取得如此輝煌的成就的？」雷諾茲回答說：「我只是遵循一個簡單的道理：努力將每幅畫畫到最好。」

　　當有人問其拉斐爾是如此化腐朽為神奇的時候，他回答說：「從我很小的時候，我就懂得一個原則，就是絕對不要忽視任何東西。」

082　約書亞·雷諾茲（Joshua Reynolds, 1723-1792），英國著名畫家。

　　米開朗基羅在雕塑的時候利用每一件工具，例如銼刀、鑿子、鉗子等。在繪畫的時候，他總是親自準備好各種顏料，絕不允許學生或是僕人代為混色。從頭到尾，他都是一直親力親為。他自己親自到露天礦場取來大理石，一定要在打蠟之後才做模型。原本在他想法中已經是很完美的作品，但只要他還有什麼新主意的話，就立即用鑿子與木槌投入工作。一位法國作家曾這樣描述他：「在他六十歲的時候，我親眼見到他。那時，他的身形已不是那麼健壯了。但是，他的手總是不停地在大理石上雕琢著，碎屑不斷地飛落。他在十五分鐘內所做的工作，要比三個身強力壯的年輕人在一個小時內做得更多 —— 這在那些沒有親眼目睹的人看來是不可思議的。他工作的時候是那麼狂熱，那麼富有熱情，有時甚至替他擔心，是否會不小心就把整塊大理石雕碎，每一次用力雕琢，總有三四個手指厚度的碎屑飛出。」如果他再深入一根頭髮的厚度，就會前功盡棄，這不是黏土或泥土可以修復的。他對自己的雙手完全有信心。他知道自己正在創作一尊傑作。

　　任何一個戰勝挫折而取得成功的人，都是成功學之所以存在一個個鐵證如山的證據。對他們這些事蹟的研究，重在強調一個反覆存在的事實，那就是，真正取得偉大成就的人，並不一定是那些擁有極高天賦與資質的人。那些傑出的人通常都是擁有著傳統與簡單美德的人。總之，有一點是成功的必然要素，那就是不能半途而廢。

　　卡萊爾說：「無論在任何情況下，我們都要有自己的職責與理想。即便是在困窘與苦難重重的現實中，我們的理想仍然聳峙著。所以，不要抱怨，努力工作吧。對自己要有信念，堅強生活，讓自己享受自由的陽光。這些就應該是你的理想。」

「吉米，這個馬蹄鐵不用弄了，缺點沒人知道的。」一位馬蹄鐵店的老闆慢慢地離開商店，留下自己養子來為一隻小馬做蹄鐵。他照著繼父做的樣板，做出的馬蹄鐵套在馬腳上根本不適合，而這蹄鐵的缺陷暴露時間的長短，取決於馬匹在泥濘路上走多遠。想到這裡，他不禁搖了搖頭，突然一副堅定的表情出現在他的臉上。「我不要照這樣做。我要做一雙優質的馬蹄鐵。」他走到燃起的猛火前，在鐵砧上大力地錘打著。最終，蹄鐵完全合腳。

這讓比利·法拉爾感到困惑不解。橋下的那位馬蹄鐵製造商負責了兵營所有馬匹馬蹄鐵的製作。「為什麼約翰·利亞這個做事毫無章法，技術糟透的人能為福布斯女士的愛駒打造馬蹄鐵呢？」他哪裡知道，其實是利亞那位年紀小小的養子完成了這些不可能。

一位女士路過一條街的時候，一位小男孩正在忙於清潔道路。她滿懷興致地觀察著這個男孩的工作，微笑地問他：「你掃的街道是我走過最乾淨的。」

男孩提起帽子，很有禮貌地向女士敬了個禮，說：「我要做到最好。」

男孩的這句話整天都在這位女士的腦海中縈繞著。過了些時日，這位女士的一位富有影響力的朋友希望有人能為他做事。這位女士告訴他那位在街上掃地的男孩。

「一個能在街上掃地做到最好的人是值得我們試用的。」他找到了這位男孩，先讓他試用一個月的時間。之後，他對男孩的工作十分滿意，就把他送到學校學習，後來讓他擔任一個重要的職位。

「在街角上認真掃地讓我成為了一個成功之人。」他多年之後這樣說。

一位技術師在因為散漫的工作而被波士頓一位製造商巨頭責罵後，大

聲喊道：「比利‧格雷，我可告訴你，我絕不能忍受你對我這樣說話。我可仍還記得，當你一無所有的時候，只是軍營中一位鼓手而已。」、「是的。」格雷回答說，「我那時的確是一位鼓手。難道你敢說我不是優秀的鼓手嗎？」

安德魯‧詹森[083]在華盛頓的一場演講中，談到自己從市議員開始自己的從政生涯。他曾在立法機構的各個部門裡擔任過職務。就在此時，臺下一位觀眾大聲叫道：「你是從一位裁縫師做起的。」詹森總統並沒有生氣，而是面帶微笑地說：「以前當過裁縫師這段歷史壓根不會讓我感到有什麼羞恥。因為，當我還是裁縫師的時候，我是個優秀的裁縫師，讓顧客感到滿意。我總是視顧客為上帝，盡力滿足他們的要求，總是做到最好的自己。」

身為一位鞋匠並不可恥，可恥的是，鞋匠做出的是爛鞋。

威廉‧埃勒里‧錢寧[084]曾這樣說過：「勞動這種行為，必須要讓心智處於一種高度興奮的狀態。無論一個人從事什麼行業，他都要盡心盡力地將工作做到最好，在自己的領域中不斷精益求精。換言之，做事完美才是我們真正應該追求的目標。這種動機不應該只是為了社會多作貢獻，或者是讓自己看到完成了一件工作的那種成就感。這應該是一種不斷自我修養的重要方式。只有這樣，任何事情追求完美的概念才會在人們腦海中扎根，也不只是限於我們日常工作的領域，還有在生活的方方面面。那時，無論他做什麼，都會盡自己最大的努力，做到最好。生活中任何散漫與懈怠的工作都會讓他感到極大不悅。他的行為準則提升了，因為他能在日常的工作中周全仔細，所以他會更好地完成工作。」

083　安德魯‧詹森（Andrew Johnson, 1808-1875），美國第十七任總統。
084　威廉‧埃勒里‧錢寧（William Ellery Channing, 1780-1842），美國唯一神論的先驅者。

　　許多年前，一位大學生被派往去勘察西部新斯科細亞地區的大片土地。這是一片荒涼的地區，到處是灌木叢，人煙稀少，幾乎沒有道路可走。這裡的土壤貧瘠，有價值的木材幾乎沒有。整個地區看起來根本不值得一個粗略的調查。而人們對於這位年輕人的勘察的前景也不抱什麼希望。但是，這位年輕人忠於自己的這份工作，忠於自己要做到最好的理念。據說，在過去十年時間裡，他走遍了這片面積為一萬三千五百平方公里的地方，發現只有二十六戶人家。從那以後，人們就在這片貧瘠的土地上發現了金礦。而金礦的發現都有賴於這位年輕探勘員細緻完整的工作。後來，專家們沿著這位年輕學生所走的道路，反覆地探尋著金礦的具體位置。在他們完成了最為細微的工作之後，政府最優秀的勘察員認為這些工作都是毫無必要的。因為，當年那位大學生所描繪的地形圖證明是極為精確的，非常詳細。

　　我想，讀者們都很想知道這位年輕人在花了這麼多年勘察那片荒涼的新斯科細亞地區之後，未來的發展怎樣。這位年輕人就是威廉·道森爵士，現在正在蒙特婁的麥吉爾大學任職。

　　工匠們想到的，是如何做完手頭上的工作；而藝術家則是想著如何將一件作品做得盡善盡美。

　　詹姆斯·弗里曼·克拉克[085] 說：「創造形成的過程是這樣的：首先，學著欣賞上帝在廣闊天際、茫茫的大陸與湛藍的海水上撒播的美麗與優雅，讓我們意識到身體與靈魂的關係，意識到生活與其行為，社會與藝術之間的種種關係，然後，我們才能像造物者那樣去創造美，將這種凡事完美的概念，傳遞到所做的作品之中，讓思想更加精確，說話更得當，生活得更自在，工作得更舒暢。」

085　詹姆斯·弗里曼·克拉克 (James Freeman Clark, 1810-1888)，美國牧師與作家。

　　波斯有一句諺語：「要想做得好，就不能半途而廢。」我們要想讓自己的工作富有價值，就必須花費時間與精力。追求完美，才能鑄就一位完美的人。無論是員工或是老闆，都有責任將本職工作做到最好，發揮自己最大的潛能。這個世界並不需要粗心、冷漠與三心二意的人，而急切地呼喊追求完美的人、做事東拉西扯、混著日子的人，遲早會被更有才幹的人替代。這個世界，這個社會需要我們將自己的最高潛能發掘出來，做到最好。我們應該有這樣的概念：要是我做不好自己的工作，這個世界是不完整的。

　　喬治‧艾略特[086]在其〈絃樂器〉一詩中，很仔細地表達了她對一位著名的小提琴製作家的情感。他製作的小提琴有些已有二百年的歷史了，現在的市場價格為五千至一萬美元，這是相同重量黃金價值的好幾倍啊！艾略特在這首詩歌中這樣寫道：

　　如果我的手偷懶了，

　　我就是在欺騙上帝 —— 因為他是完美的。

　　那麼，我做的就不是小提琴了。

　　要是沒有安東尼奧，

　　上帝也製作不了安東尼奧式的小提琴。

　　生活要有這樣一個原則：無論在任何情況下，都要竭盡所能，無論事情看上去是多麼細小，都要盡心盡力。只有那些在小事上認認真真的人，才能擔當大任。所謂「一屋不掃，何以掃天下」。勇於前進，大膽嘗試，不斷拓展自己的潛能，這些才是踏上偉大成就之路所必備的。只有將當前的本職工作做到最好，才能在別的工作上做到更好。能力與素養在不斷的

086　喬治‧艾略特（George Eliot, 1819-1880），英國著名小說家。

鍛鍊中得到發展。如果你滿足於凡事了了的話，就是在掩埋自己的才華，有點棄之不用的感覺。不要因為覺得自己很有才華，不該現在還窩在一個小職位上而感到不滿或是憤懣。如果你真的有才華的話，無論你現在暫時的位置多麼卑微，是黃金遲早會發光的。這個你是可以放心的。

　　一個專心於自己工作的人，可以媲美國王！忠實與勤勉地履行今日的職責，明日將會有更大的機會等待著我們。生活只有一種成功的方式 —— 就是誠實與勤勉的工作。這是建立起自身高尚品格與為人氣質的重要管道。下定決心，讓自己成為自己最嚴格的任務審核者。即使是最微小的事情，我們都要盡全力。這樣，我們的人生視野才會逐漸變得更加寬廣、閱歷越趨豐富，對社會更有貢獻。

　　我們首要的工作，就是要真實地面對自己的才華。我們只有不斷將自己的潛能發揮得淋漓盡致，不斷地做到最好的自己，才能無悔於自己的才華。

第十三章　果敢為人

世界上一些真正成就偉業的人，幾乎都是清一色的心智強韌者，擁有著強大的神經。他們旺盛的精力與意志力不僅能讓其謀劃一些宏偉的計畫，也能為了取得成功而克服重重困難。

　　哈里發‧奧馬爾對勇士阿莫爾說：「讓我看看你那把歷經無數戰場與手刃千千萬萬異教徒的寶劍吧。」阿莫爾說：「所謂寶劍，要是沒有了主人的話，與文弱詩人手中的劍相比，也是毫無特色，既不沉重，又不鋒利。」一具一百五十磅的血肉之軀，要是與堅定的意志和果斷的行為相比，根本不值一提。

　　愛默生說：「世上總有為勇敢之人所留下的位置。」這個世界總是不斷呼喊著能明智與自由發揮才華的人。原創力、建設性總是會讓人處於優勢的地位。勇於思想的人，有創造性與行為方法的人，總是勇於走前人所沒走過的路，為後來者打開新的道路 —— 這些人，才是我們這個時代真正需要的。

　　許多人之所以在世上碌碌無為，渾渾噩噩，究其原因，是他們缺乏足夠的心理能量。他們的心智似乎不足以支撐他們去勇敢地做出某一行動。必須有人推他們一把，讓他們前行，他們才能勉強繼續前進。他們自身並沒有要不斷向前的動力。許多這樣的人之所以被生活所遺棄，並非他們的能力不足，而是心理出現了致命的缺陷，讓他們所有的能力都陷入癱瘓的狀態。他們看似充滿能量，但卻無法運用。

　　世界上一些真正成就偉業的人，幾乎都是清一色的心智強韌者，擁有著強大的精神。如果他們沒有一副強健的體魄，他們旺盛的精力與意志力不僅能讓其謀劃一些宏偉的計畫，也能為了取得成功而克服重重困難。在這些勇敢之人身上，我們幾乎看不到一絲不確定與負面的跡象。這些人並不需要別人的打氣，自己就可以獨當一面。

　　有時，讓我們印象深刻的，不是他們說出的話，而是他們行為舉止所散發出來的氣質。他們的肢體語言就能夠發散出一種能量。你能感受

到，在他所說的每句話或是每個動作之中，背後都有一股巨大的能量在洶湧著。

格蘭特將軍很少說話，經常沉默，但是每個與他待在一起超過五分鐘的人，都能感受到他那偉大的品格。韋伯斯特激勵強大的後備軍，並不是靠一張嘴，而是以自己的氣質，讓他們在關鍵時刻勇敢地走上前線。

在得知拿破崙即將走過一條昏暗的長路時，一個年輕人埋伏在那裡，以便殺掉這位入侵自己國家的人。拿破崙逐漸走近，一副沉思狀。這個年輕人拿起槍，準確地瞄準著，就在其將要開槍的時候，由於慌張所引起的聲響暴露了他的舉動。拿破崙抬起頭，一眼就明瞭了整個情況。他一言不發，而是雙目緊盯著這位年輕人，臉上有一股毫不畏懼的神色。這個年輕人的精神崩潰了，槍從手中掉下。拿破崙，這位久經沙場的英雄再一次化險為夷，用自己的沉默獲得了勝利。他又開始沉思國家大事。對他來說，這只是他輝煌人生中一個不起眼的小插曲而已，就好比在許許多多名垂青史的戰役之後，一次小小的個人勝利，眨眼就被他忘掉了。對於這個年輕人，這卻是一次終身難忘的印象。與一位身經百戰，無往不勝的偉人相比，自己的一種渺小感、不堪一擊的感覺湧上心頭。真好比是火柴劃出的微光與閃電的巨光兩相對比。

「哦，伊奧勒，你們怎麼知道赫爾克里斯就是上帝呢？」「因為，」伊奧勒回答，「當我看到他的眼睛時，內心有一股安全感。當我看著忒修斯[087]的時候，我覺得他可能是要展開一場戰鬥，或至少駕著他的馬車參加比賽。但是赫爾克里斯並不是等著比賽的。無論他站著、走著、坐著或是做其他，他都有一種高高在上的威嚴感。」

---

087 忒修斯（Theseus），神話中希臘的建造者。

　　無論哪個國家，都有這樣一些人，他們還沒有說話，氣場就把人鎮住了，這些人將自己的影響力發揮到了極致。人們往往會很疑惑：他們真正震懾別人的祕密是什麼呢？其實，他們最大的能力都是背後隱藏著的。有些人可能是透過自身的才華或是口才給別人留下深刻印象，但勇敢之人是以自己極富魅力的存在給別人以震撼。「他一半的能量都沒有用上呢！」這些人取得勝利的方式，並不是靠著一把鋒利的刀，而是展現了一種優越感，一種居高臨下的威嚴。這些人具有統治性，因為當他們置身於某個場面的時候，形勢就發生了根本的改變。

　　西元 1794 年，當保皇黨與雅各賓黨一起反對成立不久的法國的時候，保皇黨與雅各賓黨在一些英勇的將軍帶領下有四萬多兵力，而法國這邊則由手段溫和、低效率的曼農將軍統領著，而且人數只是區區的五千人而已。曼農將軍緊急時刻宣布退休，起義人員勝利的口號在巴黎的大街上不斷迴旋著。夜幕降臨，喧囂不斷。到了晚上十一點鐘的時候，法國的命運看來已經無可挽回了。在最緊要的關頭，曼農被解職了，巴拉斯被授予了最高軍隊指揮權。巴拉斯在接受這一任命的時候，猶豫地說：「我知道有一個人能夠捍衛我們，就是那位年輕的來自科西嘉島的年輕軍官——拿破崙·波拿巴。我曾在土倫戰役的時候目睹過他的軍事才能。他是一位不拘於傳統軍事法則的人。」他的這一舉薦，讓國會的所有人感到意外。接著，巴拉斯說：「他是一位身材矮小、臉色蒼白、臉頰還帶著稚氣的年輕人，看上去年齡也就十八歲左右。」

　　「你願意承擔起保衛法國這一使命嗎？」總統問。

　　「是的。」拿破崙爽快地回答。

　　「你是否意識到這次任務的極端重要性？」

「完全明白。我總是習慣於成功地完成自己所做的工作。但是有一個條件是必不可少的，就是我必須擁有不受國會限制的軍隊指揮權。」

國會賦予了拿破崙最高的指揮權，這一任命似乎立即將原先那些精神萎靡，如雕像般的士兵們變成了真正的人，思想上變得空前活躍，意志更加堅定，行動更加迅速。拿破崙整晚都以自己超人般的能量工作著，而即便是那些情緒最為低落的士兵們，似乎都被他的這種忘我的精神所感動。八百支滑膛槍與充足的子彈被運送至圖雷伊地區，因為當時的國會議員都聚在那裡，議員們也被臨時組成了後備軍。所有的街道都被封鎖起來，加農炮裝滿了葡萄彈，駐守於每條大橋與主要街區，每當起義軍進犯的時候，就毫不留情地給予還擊。翌日清晨，警報聲與隆隆的鼓聲響徹天際，起義軍大聲喧囂的音樂與招搖的大旗晃動著，似乎要隨時進攻。看到拿破崙與其軍隊都堅守陣地，歸然不動，起義軍的先鋒部隊首先開槍了。後來，阿伯特回憶說：「這是一個一觸即發的信號，拉開了一場血腥的直接戰鬥。很快，爆炸聲接連不斷，一場葡萄彈[088]的「暴風雨」席捲了每個人群擁擠的街道，路上堆滿了傷者與死者。先鋒隊動搖了，後撤了，炮聲仍舊；起義軍慌忙逃竄，炮聲不減。他們四處逃跑，深感絕望。拿破崙讓一支小分隊對這些逃竄者緊追不捨，不斷開槍，但是卻是沒有彈殼的。街道上重炮的聲響回蕩著，起義者早已不見蹤影。在不到一個小時的戰鬥裡，敵人就已經化為烏有了。拿破崙將居民的槍支收繳起來，安葬好死者，將傷者送到醫院。「當拿破崙回到位於圖雷伊的總部時，臉色仍然蒼白，如大理石一般凝著，似乎根本沒有發生過什麼事情。」在歷經多年的流血與無序的衝突之後，首都巴黎終於找到了它真正的主人。拿破崙冷酷地說：

088　葡萄彈（Grapeshot），為一種許多鐵球組合成的炮彈，歐洲於 18 世紀至 19 世紀使用，此名稱由其組合鐵球的構造與葡萄相似而來。

「這是奠定我日後地位的一役，我讓巴黎人大開眼界。」

正是這種鐵血般的決定，讓所有人都能一目了然。

一個人「眼神中沒有閃爍著目標」，口中不敢說自己「能否取得勝利」，這樣的人在很多情況下都是難以取得勝利的。決定在人生的過程中，就好比一座房子的根基。若這個根基是脆弱與不堪一擊的話，或是用極輕的材料來支撐一定的重量，還想著不會倒塌。這種想法即便不危險，也是非常錯誤的。所以，要是我們三心二意，最終只能讓自己搞得一團糟，這是對時間與金錢的浪費，也嚴重削弱著我們的品格。一個人的猶豫不決與拖沓，絕不僅僅只是影響自己。因為一個人的生活會自覺不自覺地影響周圍別人的生活。所以，我們的優點或是缺點，在某些方面上會影響周圍這些人的生活。

聖女貞德[089]成功的祕密就在於，她能看到問題所在，然後決心解決它，這並非出自勇氣或是視野，而是她的決定。在緊要關頭做出抉擇的稀有品格正是她的能力。她以上帝的名義，宣布查爾斯十二世為王位的繼承者，恢復他的合法性，以對英國軍隊的勝利來強化這種合法性。

大主教黎塞留曾說：「當我下定決心之後，我就會朝著目標前進，不管前路多麼險峻，我都會義無反顧地往前走。」

果敢決斷與大無畏的英勇，讓許多成功之人度過了重重危機，而猶豫不決則可能導致人的毀滅。

當從聖彼德堡到莫斯科兩地的鐵路線路勘探完成之後，尼可拉斯得知，在任務過程中所受的個人影響，強於技術因素的考慮。他決定快刀斬

089　聖女貞德 (Joan of Arc, 1412-1431)，法國的民族英雄、軍事家，天主教會的聖女，法國人心中的自由女神。

亂麻，以一種不容置辯的方式解決這個問題。當鐵路部部長在他面前攤開地圖，細心地解釋著這一鐵路計畫的時候，尼可拉斯拿出一把尺子，在一個終點站到另一個終點站上畫上一條直線，然後以一種排除各種反對的堅定語氣說：「你們要建造這樣一條鐵路。」於是，鐵路的路線方案就定下來了。

德國著名戰略家與軍事指揮家毛奇[090]很喜歡這個名言：先仔細權衡，然後勇敢直前。正是得益於這樣的行為方式，他取得了許多成功與勝利。在做規劃的時候，他是仔細、謹慎與緩慢的；一旦計畫決定之後，執行起來卻是迅速的、勇敢的，甚至是無情的。

無論是一個勇敢的將軍、不畏艱險的政治家還是夜以繼日的藝術家，他們都會說：「我完全掌握了整個局勢，就好像我爬上了山頂，俯瞰全景，現在我要做的，只是行動。適合討論的時間已經結束了，戰爭議會已經閉會了。將軍們回到你們所屬的部隊。勝利的意志重新占據主導。決定已做，接下來就看行動了。」

一位作家在談到一些總是時刻猶豫、三心二意的人時，語氣堅決地說：「也許，他們這樣於自己是無害的。他們沒有自己的個性，生活缺乏色彩，難以自立，沒有果敢的勇氣。他們就是芸芸眾生的一員，時刻跟在生活尾巴的後面，只能是掙扎在社會最底層，成為毫不起眼的一位。人類的許多奧妙需要真正富有勇氣的人去探尋，收穫其中的價值。一個人要是失去了自身的判斷，自己的主見，只能任人擺布。其實，我們人類就好比是一團泥巴，讓別人去揉捏、烘烤，然後製作成各式各樣的形狀。這些人不知道所謂的男子氣概為何物。他們總是在別人的陰影中來回踱步，總是

090　毛奇（Count Von Moltke, 1800-1891），德國軍事戰略家。

想著不斷得到別人的指示，然後才能乖乖地活著，總是不厭其煩地向別人道歉，好像別人很飢渴自己的這種毫無價值的東西。只要他們還是難以自主，就只能被別人牽著鼻子走。他們只能在潮退之後，才腳步蹣跚地走在沙灘上。他們就像柯勒律治一樣，好像自己都不知道自己的大腦在想些什麼，只覺得自己總是一直在與自己在爭論著。在整個人生旅途中，總是在想著自己該往哪條路前進，總是不斷地從一個方向轉到另一個方向，讓自己感到手足無措，陷入苦痛的掙扎之中。他們可能在每朵花前停下自己的腳步，在每條街道上都要轉彎探個究竟，而不是勇往直前。自我尊重源於我們所做出的勇敢的決定。我們對自身尊嚴的公正與恰當的評價，應該能夠抵擋人與事的紛擾。貪婪也是導致我們缺乏自尊的一個重要原因。正如一頭毛驢面對著眼前的兩堆乾草，都會陷入這樣一種讓牠難以擺脫的心理現象：即我應該吃哪一捆比較好呢？還有許多與牠一樣有著長耳朵的『難兄難弟』們都面臨著相同的『苦惱』。謙虛是一種美德，但這並不是說我們就要沒有自己的觀點或是選擇了，只是跟隨別人的意見或是跟著團團轉，就像一條迷失的狗。軟弱者不敢痛下決定，因為害怕自己做了一樁虧本的買賣。其實這種猶豫行為本身就是一種巨大的浪費。深思熟慮後的堅定與決心，這是任何概念下的氣概的一種詮釋。能讓自己不斷自我圓滿，這是很了不起的事情。我們傾聽別人的意見，用來審視自己的行為，這也是很有益處的。迅速地了解、洞察與掌握事情的來龍去脈，然後加以比較的能力 —— 這種將事情分類的心理能力，讓我們能夠對不同的計畫或是能力有更為睿智與有效的辨別方法。這種對事物事先的預測能力，使我們沿著先前的決定不斷前進，順利地取得成功。首先要有知識，然後才是行動的決定。」孔子有言：「見義不為，無勇也。」、「確定自己是正確的，然後就勇敢無前。」這是美國一位著名人物所說的類似話語。得出結論的能

力無疑屬於決斷能力。事實上，這完全歸結於決定本身。語言學家說，欺騙與欺瞞的意思是很相近的，都隱含著一種「終止」的意思，就好比人將運河閘門的鎖關閉了。銀行的門關了——這是一天工作的結束。生活的成功在很大程度上取決於我們明瞭什麼是自己不該去做的。在我們周圍，浪費時間的人就好比嗡嗡的蜜蜂一般，難以計數。我們要讓自己像一塊火石，朝著那些能擊打出成功火花的地方撞擊。我們要勇於放下所有讓自身陷入瑣碎的事情，找回寶貴的時間。否則，我們難以有所成就。心智脆弱的年輕人任由自己被別人一時巨大的影響力感染自己，隨風飄蕩，沒有勇氣去選擇與堅持自己的一個堅定不移的目標。這些人可能會做好一些事情，但卻永遠難以實現自己的心中的願望，也難以將上天賜予的天賦或是機會發揮到極致。要想取得良好的結果，就必須要有一顆專注的心，有全神貫注的精力。否則，這就好比火車的鍋爐四周都是破洞，蒸汽都從這些孔洞溜走了，然後，我們還想著讓火車飛速奔跑。

這個世界有很多不幸者，他們在監獄裡呻吟，在聲名狼藉下備受煎熬，要麼在寒酸的家裡，要麼在暗無天日的地下室或是閣樓裡，默默地死去。因為一顆脆弱的心靈時刻被強者牽制與利用。這正是一個適者生存的時代啊。強者驅使弱者，難以適應的就逐漸被淘汰。世界有一半的悲慘或是痛苦都是源於我們心智的脆弱與猶豫不決。無論一個人的能力怎樣，無論其想成為什麼，若是缺乏決斷，就只能時刻受制於環境，成為強者的傀儡。在人生的早期的生活中，養成果敢決斷的習慣是極為重要的。這個世界上的許多失敗者都不敢語氣堅定地說一句：不！在一個恰當的時機，一句堅定的「不」，會讓許多人免於「一失足成千古恨」的悲劇。

意志是心理引擎的強大的推動器。

　　不知有多少才華橫溢的人，看到一些在某一方面有才幹的人憑著勇敢的決定，在生活中不斷前進，讓他們深感羞恥。而他們雖然有著多方面的才華與巨大的潛能，但卻白白地浪費了，他們讓別人無限地期待，但等來的卻是無數次的失望。其實原因很簡單，他們缺乏勇敢向前的能力。

　　只有養成了果敢決斷的習慣，讓自己不斷遠離別人帶來猶豫不決的影響，才能將漂無定向的生命之舟沿著一個方向前進，才不會東搖西晃。我們的意志是智趣王國的國王，當這位國王被摧毀了，那麼，心靈的混亂必然成為主流。無論是在工作上抑或在道德品性上，每個年輕人都應該了解這句話的真諦：猶豫之人必然失敗。

　　曾經有人說過：「最壞的缺點就是喜歡聽聞別人的建議。」當然，這是一種「心靈的呼喊」。如果我們的心靈能正確地感知與思想的話，一般而言，我們的行為也應該是正確的。這樣，我們自己就可以輕而易舉地做出應有的決定，而不是讓別人為我們做決定。我們要為別人做出有價值的決定，就必須站在別人的角度看問題，理解別人所處的環境、所具備的能力、制約條件、目標與優先的狀況。在這種情形下，要做出一個明確的決定幾乎是不可能的。每年，數以千計的人的生活或是事業失敗得一塌糊塗或是停滯不前，這是因為他們總是習慣於向別人尋求建議，而那些被徵詢的人也貿然地給予了一些建議。當然，這不是說，我們不應該向別人徵求意見，而是說，我們不能與很多人談論自己的事情，讓別人看似清醒、明智的決定，代替了自己的思考，這是很不保險與得不償失的做法。

　　一顆飽經鍛鍊的心靈必須能自立、自我克制、自我指引與自我控制。

　　有時，我們會發現自己身處於一種緊急狀況，必須做出及時的決定，儘管意識到這可能是一個未經大腦深思的成熟決定。在這種情況下，我們

必須將自己的理解能力與比較能力調動起來，處於高速運轉的狀態，感覺自己在當時當地做出最佳的決定。人生中許多重要的決定都是屬於這種類型 —— 需要我們即時做出抉擇。

很難讓一個事事猶豫的人養成總是迅速與果斷處事的習慣。我們不能讓沉思與反思不斷地將一個問題翻來覆去，權衡再三，糾結於毫無緊要的細枝末節上。我們的決定最好是一錘定音與毋庸置疑的，勇敢地執行。儘管有時這證明是錯誤的，這也比我們總是權衡再三，不斷拖延要來得強。養成了勇敢決定的習慣後，儘管有時我們的決定過於衝動，但是對自身判斷力的自信，將讓我們有全新的獨立感。

意志堅定之人，勇敢與行為堅定之人，自信之人，通常都是深受別人信賴的。沒人願意看到一個優柔寡斷的人坐在一個重要的位置上。

幾年前，有一個關於紐約州長提名的故事。一位受人歡迎的州長熱門人選被黨的領袖認為必然能獲得提名。他們一起吃晚餐，之後將要舉行黨內高級的決策會議，以正式確定提名人選。但是，這位熱門人選卻有著挑剔的胃口，在選擇每道菜之前都要焦急地猶豫著。

「先生，可以開始點菜了嗎？」侍者等了很久之後，這樣問道。

「你們有什麼啊？給我來點鵪鶉肉，對，鵪鶉肉。不，還是不要了。噢，這裡有野雞。如果可能的話，也給我加點野雞肉。」

當侍者走開之後，他安靜地坐著，十分焦躁。當侍者端來野雞肉的時候，他低聲地說：「我想兩樣都試一下。給我來點鵪鶉肉，兩份都要一點。」但是，當兩份肉都端上來的時候，他雙手推開這兩盤，反感地說：「拿走這些！我不吃了。」

當晚餐結束的時候，他離開了房間，桌上其他人的臉色都一致凝重。

　　「不，先生。」黨的領袖說，「這個如此猶豫不決的人，連自己要吃什麼都難以決定，完全缺乏作為紐約州長應有的基本素養。」

　　後來，這個提名給了黨內的另一個人，他當上了州長，後來又成為了總統。無論此人有什麼缺點，但是他從來都沒有因猶豫拖沓或是沒必要的延遲而被人詬病。

　　約翰·福斯特[091] 說：「一個不敢做出決定的人，很難說是自己的主人。如果他勇於做出決定，那麼，在下一分鐘，一些莫名的原因帶來的微妙的力量將驅趕憂鬱，將人們決心中，毫無用處的一面可鄙地展現出來，以此來展現自身的理解與意志的獨立。這樣，人屬於那些將自己的心俘虜的東西。接下來的一件件事情將不斷地在我們面前呈現本質。我們不斷試著前行，卻正如細小的枝葉漂浮在河邊的一角，不時被到處叢生的野草所攔截，在每個小小的漩渦裡不斷翻滾。」

　　不斷自我訓練，直到自己到達了一種能夠做出正確決定的品格，這是人生道德與心靈鍛鍊的重要一部分。只有這樣，我們方能不斷地讓自己「臻於完美」。

091　約翰·福斯特（John Foster, 1770-1843），英國隨筆作家。

第十四章
勇往直前的熱情

無論你從事什麼工作，如果你不能全身心地投入，你將缺乏一種極為重要的素養，這種素養本身就足以讓你擺脫平庸。

甲君問乙君：「你的朋友，湯普金斯這個年輕人怎樣？」乙君回答說：「一個流浪漢。」「流浪漢？」甲君驚呼道。「你應該不會指他在街上到處遊蕩吧？」乙君說：「不，當然不是了。他是一個思想上的流浪漢。他相信自己能夠做許多事情，但是卻不能決心將其中的某項工作視為自己人生的一個目標。他有時淺嘗一下這個工作，然後第二天就不做了，接著又去做第二件事了，以此類推。其實，他這個人平常都是很懶散的，因為他無法將自己的精力固定於某一項固定的事業上。他被人視為極富才華與全面的人。但我想，正是這種所謂的才華與全面最終毀了他。如果他只有一種才能，然後下定決心讓自己堅持下去，勇往直前，我想，這樣的話，他成功的機率更高。」

某人以優異的成績從哈佛大學畢業。他是一位英俊、性格溫和、富有魅力與充滿活力的人。首先，他想在講臺上取得成功，但是過了不久就改行從事編輯工作了，不久他又去做起了教師的工作。他成為一個地方某所學校的校務指導，又在另一個地方負責廣告出版的事宜，然後在第三個地方自己開辦一所學校，在第四個地方從事煤炭的試驗工作。還有類似的一些工作。他跑了上千公里，從事不同的工作，花了許多錢。就這樣走過了十二年，他仍沒有找到自己一生中固定的追求目標，沒有一份穩定的工作與收入來源，時常還要為了每週的各種帳單而發愁，苦苦掙扎。

喬丹校長說：「如果你對自己說，我將成為一名自然主義者、旅行家、歷史學家、政治家或是學者。假如你從來都沒這樣說過，如果你只是將自身所有的能量都注入某方面，充分利用所有有利的條件，摒除一切阻礙我們實現目標的障礙，那麼，你遲早都會實現自己的目標。對於那些知道自己該何去何從的人，整個世界都為之讓路。前方的理想正在向你招手，抓緊時間去跋涉吧。你必須要經過歲月的等待，做好充分的準備，勇於在人

生歲月中找準一條路，然後揮揮手，一直往前走。」

　　在選擇一項職業的時候，有多少年輕人願意靜靜地坐下來，謹慎仔細地審視自身的能力，做出一個明智的決定，然後再以堅持不懈的努力，將自身所有的能量都用於實現這個目標呢？倘若一個人這樣做，那麼起碼有十個人都難以做到，只是看到眼前唾手可得與最為輕鬆的工作，只是想著立即可以帶來的回報或是快樂，對於未來則是白茫茫一片，沒有一個明確的、細緻的目標。許多人對於自己進入社會之後要與哪些人交往不甚注意，而是隨大流，似乎只要身邊有人，一切就行了。一般而言，選民都是跟隨著一位富有遠大目標的人，在後面蹦蹦跳跳，就好像溫順的羊群都是跟在領頭羊後面的。一個年輕人初涉社會的時候，能夠冷靜地想一下自己日後的人生規劃，想想目前與將來的人生走向，然後願意為了一個目標將自身的能量都投入進去，以讓時間與精神獲得最大的回報。但這樣的年輕人實在太少了。

　　很多人只是毫無目的地進入工作。他們走近社會，想看個明白；他們步入政壇，卻沒有明確的目標。他們陷入自身憑空想像的東西之中，還以為這就是人生應該為之奮鬥的東西。如果時勢一切都順利的話，那一切都還好辦；如果遇到一些阻滯的話 —— 在這個世界上，這種情況好像是居多的 —— 他們就覺得一切都是錯誤的，都是難以理解。

　　斯托爾克說：「這個世界上，大多數人都是混一輩子，他們所做的工作要根據環境所定。他們要是選定了某一個方向，這樣效果可能會更好。如果允許他們的話，更願意什麼都不用做，這是最好的了。」

　　艾利司說：「這個時代的年輕人需要聽聽這樣一條古老的預言，它在歷史的長河中不斷疾呼：勿隨波逐流。一半年輕男女所犯下的過錯，基本

上都是由於他們想都沒想就跟隨別人做了。我們這種認為可以從『別人都這樣』的這種行為中找到自身所需的行為方式的做法是極為有害的，阻礙著所有真正高貴情感與成長的發展。盲從大眾，你將哪裡都去不了，最終只會被引入歧途。與一般人人云亦云，只能讓你陷入一種危險、挫敗與死亡的境地。」

當今時代所亟須的，不是那些隨著輿論風向隨時搖晃的風向球式的人。我們所亟須的，是有著遠大理想的人，有著一顆堅強之心的人，勇於為正確的事情出頭，頂著輿論的喧囂或是謾罵，實現自己的人生理想的人。

我們時常可以看到一些人，他們具有很強的能力，也有著遠大的理想。但他們卻總是讓那些對他們抱有期望的人失望而歸。他們飽受教育，為生活的挑戰做好了充分的準備。其實，他們像一個精密計時器，缺少的也許僅僅只是一顆極小的螺絲或是細細的遊絲或是主彈簧。他們缺乏果敢的決斷，一次又一次讓對他充滿希望的人感到無比失望。他總是差不多就要成功了，但總是差一點點。他那搖擺不定的目標總是讓別人滿滿的期望化為烏有，最終也讓自己所有的人生計畫都化為泡影。

追求真理、能力、真誠、忠於職責與光明磊落的性格 —— 所有這些都是年輕人想要闖出一番事業所必不可少的。若是缺乏熱情、工作時快樂與榮耀，感受不到神賜予我們的力量，讓我們脫穎而出，讓我們感覺到自己與上帝的意志合一。假若我們失去了這些能力的話，生命將失去其最大的魅力。

無論是殉道者、發明者、藝術家、音樂家、詩人、偉大的作家、英雄、文明的先驅或是推動各種偉大事業的人 —— 不論他們的種族或是所處的地域，活在歷史時空的哪個角落，正是他們將混沌的歷史推向到二十

世紀。這些人無一例外都是充滿熱情的人。

　　無論從事什麼工作，如果你不能全身心地投入，你將缺乏一種極為重要的素養，這種素養本身就足以讓你擺脫平庸。否則，你的工作將沒有你的印記，在別人看來只不過顯得馬虎、平常。那麼，我們如何從那些三心二意之人，所製造的數千篇作品中，找到有你特色的作品呢？

　　熱情是所有工作的靈魂所在，也是生命本身力量的一種表現。年輕的男女若是在日常的工作中，難以感受到其中所帶來的樂趣，只是為了生計而處於一種「被迫」的狀態之中，得過且過，將工作完成得馬馬虎虎。這樣的行為必將招致無情的失敗。當年輕人以這種精神狀態去工作，犯下的這種錯誤是致命的。他們不是選擇錯了努力的方向，就是將時間浪費於毫無結果的事情上。他們所需要的是一種心靈的啟發。他們要清楚地明瞭這點：這個世界需要他們拿出自己最好的作品。任何三心二意與不費心思完成的工作，都是對賜予我們才華的造物者的大不敬。我們要將天賦充分發揮出來，而不要總是扭扭捏捏，生怕別人知道自己的厲害。當我們最終回到造物者的懷抱時，絕對不要還是原封未動地雙手歸還。根據每個人不同的才智，要將自身的天賦不斷地加以鍛鍊，擴大十倍、百倍、千倍。

　　任何龐大的障礙或是在膽怯者看來難以逾越的高山，都難以阻擋懷著高遠志向的、滿懷熱忱的年輕人前進的道路。

　　當今充滿熱情的年輕人，擁有著以往同齡人所不具有的巨大機會。這是一個屬於年輕男女的時代。整個世界都在翹首企盼年輕人去找尋新的真理與美感。大自然手中祕而不宣的奧妙，等待著熱情的年輕人去解開。今天所能預見的未來創造發明，正等著熱情滿懷的年輕人去「耐心地挖掘」。無論各行各業，人類涉足的各個領域，都無時無刻在呼喊著熱情

者的出現。如果在這一群洋溢著熱情魅力的年輕人身上找不到這種影子的話，那麼，我們該上哪兒去找人填補這麼多空缺呢？快樂的年輕人無敵！年輕人未來之路不存在真正意義上的黑暗，沒有出口的狹路。他們應該忘懷這個世界上還有諸如失敗的事情，篤信人類在數個世紀以來都在等待年輕人創造一個新的紀元。

特朗布林博士說：「在上帝之下，整個世界多掌握在年輕人的手中。」拉斯金說：「幾乎所有最美妙的藝術珍品都是出自年輕人之手。」德斯萊利說：「少年出英雄。」正是年輕的赫爾克里斯創作了《十二武士》；當亞歷山大大帝[092]氣吞山河地席捲那些時刻覬覦著要將歐洲文明扼殺於搖籃之中的亞洲游牧部落的時候，他還只是一個年輕人。羅穆盧斯（Romulus）建立羅馬的時候，也才僅僅二十歲。皮特與博林布洛克在成年之前，就已經擔任牧師了。格萊斯頓在早年就成為了議員。牛頓在二十六歲之前就幾乎做出了自己一生中所有偉大的發現。濟慈[093]死於二十五歲，雪萊（Shelley）逝於二十九歲。路德在二十五歲的時候，儼然是一位已經成功的宗教改革家。依納爵·羅耀拉[094]在三十歲的時候成立了自己的社團。當特菲爾德與衛斯理還在牛津大學上學的時候，就開始了著名的評論工作了，前者在二十四歲之前就已經在英國家喻戶曉了。維克多·雨果在年僅十五歲時就寫下了一齣著名的悲劇，獲得皇家學院的三枚獎章，在二十歲的時候就獲得了大師的稱號了。

熱情是讓我們克服所有障礙的推動力。正是這種讓全身都處於一種亢奮的熱情 —— 讓我們去做自己心中所想的。熱情難以忍受一切阻止我們

---

092 亞歷山大大帝（Alexander the Great, 西元前 356- 西元前 323），古代馬其頓國王，亞歷山大帝國皇帝。世界古代史上著名的軍事家和政治家。

093 濟慈（Keats）（即 John Keats, 1795-1821），英國著名詩人，浪漫派主要代表人物。

094 依納爵·羅耀拉（Ignatius Loyola, 1491-1556），西班牙騎士。

前進的事物。當韓德爾還是小孩的時候，不讓他去接觸樂器，或是不准他上學，生怕他會學習到音樂，這樣的做法又有什麼用呢？他在半夜時分，拿著偷來的樂譜在祕密的閣樓裡練習著豎琴。讓孩童時期的莫札特整天做一些他不喜歡的功課，但是他午夜時分溜到教堂，將自己對音樂的熱愛淋漓地表現出來。童年時期的巴哈借著月光抄下了整本音樂著作，因為沒有蠟燭。當這些手抄本被別人搶走的時候，他也沒有灰心。拳腳與惡言只能讓孩童時期的歐里·布爾[095] 更加痴迷於小提琴。

冷漠不可能鑄就一支戰無不勝的軍隊，冷漠不可能讓雕塑充滿魅力，冷漠難以創造出美妙的音樂，難以解開自然的奧妙，難以建造讓世人為之驚嘆的建築，難以吟出震撼人心的詩歌，難以讓世人有英雄般的壯舉。正如查爾斯·貝爾（Charles Bell）說，熱情就像一雙手，正是這雙手塑造了門農的雕像，佇立著底比斯那扇可恥的大門。正是熱情，讓水手那雙顫抖的手，將細小的針穿過輪軸，引發了印刷機的一場革命。熱情，就像伽利略手中的望遠鏡，整個世界都在他的雙眼下，難以遁逃。熱情，是哥倫布在早晨的微風中，看到了嚮往已久的巴哈馬群島之後，興奮地將高高的船帆收下來。熱情，讓我們拿起鋒利的劍，為了自由而拋頭顱。熱情，是第一位無畏的樵夫拿起斧頭，砍出了一條能通往人類文明的道路。熱情，將一次次離別的神髓，在米爾頓與莎翁的筆下成為閃爍的思想。

波義耳說：「若是沒有某種程度的熱情，任何偉大都難以談起。這是通往偉大所必需的。缺失了熱情，沒人會敬畏自己，擁有了熱情，沒人會鄙視你。」這是成就具有價值的事業一個必然因素。偉大的發明，精緻的雕塑，讓世人一直為之津津樂道的詩歌、散文與小說，無不能看到熱情這

095　歐里·布爾 (Ole Bull, 1810-1880)，挪威小提琴家，作曲家。

種精神力量的存在。在那些只知道溜鬚拍馬、卑躬屈膝的人身上，很難發現熱情。熱情，就其性質而言，是催人奮進的。

史達爾夫人說：「熱情一詞在希臘語中的定義是最為高貴的。熱情意味著『上帝在我們心中』。」正是這種上帝的精神，讓活力四射的善男信女們將自我忘掉，拋棄個人的榮辱，枉顧旁人的訕笑或是阻滯，追逐著自己的理想。

班揚 [096] 本可以有屬於自身的自由。但他不能撇下自己可憐的瞎眼女兒，還有一家人等著他糊口呢！要是沒有對自由的摯愛，沒有理想的鞭策，生活潦倒到如此地步的人早就忘記了還要開啟大眾的心智的使命。正是生活的熱情，讓這位來自貝德福德的貧苦、默默無聞的補鍋匠，以驚人的熱情與毅力寫就了一本永垂不朽的著作。而他的讀者遍及世界每個角落。

溫·菲力浦有一句黃金般的名言：「熱情是靈魂的生命所在。」

霍勒斯·格里利說，世上最傑出的作品，屬於心智高尚之人與熱情融為一體的作品。

一間大型商店的一些職員，常常譏笑共事的一位年輕人。這個年輕人剛開始只是一個辦公室學徒，但卻做著各種額外的雜務。他們嘲笑他的這種熱情與認真努力，說這樣做是毫無意義的，而且也得不到一分錢。過了不久，他從所有員工中被挑選出來，成為了公司的合夥人，後來成為了整個國家一間最大規模企業的主管。

相比於能力，成功更青睞於熱情之人。世界為那些知道何去何從與勇往直前的人讓路。無論前路會有多大的阻滯，顯得多麼黯淡，熱情之人都篤信自己有能力實現心中的理想。

096　班揚（John Bunyan, 1628-1688），英國著名作家，代表作《天路歷程》（*The Pilgrim's Progress*）。

　　正是鍥而不捨的堅持，讓塞勒斯‧菲爾德在歷經十三年的失敗之後，才終於鋪好了跨越大西洋的電纜；正是勇往直前的熱情，讓史蒂文生不顧世人嘈雜的諷刺，終於駕駛著蒸汽火車，讓那些人狠狠地閉上了嘴，而自己則在歷史上留下了光輝的一筆。正是一種「舍我其誰」的氣概，最終讓富爾頓（Robert Fulton）的「愚蠢號（Clermont）」自在地遊弋於哈德遜河，讓過往那些唱著反調的人驚恐不已，難以相信自己的眼睛。正是這股如火般的愛國熱情，讓派翠克‧亨利吟出了經久不衰的愛國詩篇，時至今天，學校的孩子們還在朗朗地閱讀著。正是源於一種愛國熱忱，夏爾曼遠渡重洋，所向披靡。

　　有人曾說，所有的自由、改革以及社會上的政治成就，基本上都是出現在那些由一群充滿熱忱的國民所組成的國家裡。

　　鍥而不捨磨練著心智，增益其所不能，讓思想充滿了活力，讓雙手更加靈活，讓一個原先傳說中的可能成為現實。讓別人稱你為熱情者吧，儘管他們說出的語氣夾雜著遺憾或是鄙視之情。不要害怕這個稱謂。如果某件事似乎值得你去做，在你看來值得為之去奮鬥，那麼，用你所有的熱情驅使自身的才華去追尋吧。別人的閒話，就讓它隨風飄去吧。笑到最後之人，笑得最燦爛。但凡有所成就之人，都絕非膽小如鼠、三心二意或是滿心疑惑之人。

　　若是你重視自己手中的工作，並且盡心盡力地完成，不管世人如何看待。那麼，你必將會被世人所重新認識，認清其價值。

　　對自己手中的工作的價值與重要性要有堅定的信念，意識到要是沒有自己的工作，世界是不完整的。對自己的理想，要有一顆堅如磐石的執著之心，篤信自己就是實現這一目標的不二人選。

當歲月染白了我們的雙鬢，讓我們腳步蹣跚之時，只要心中還有那股熱情之火，仍可永保年輕之精神，年老所透出的成熟與睿智，實可媲美年輕的風華正盛。這樣，人雖老了，但可老當益壯。格萊斯頓在八十歲高齡的時候，要比那些與他懷抱相同理想的年輕人更具能力與影響。俾斯麥[097]在八十歲的時候，仍是一個讓世人為之顫抖的人。七十五歲的時候，帕默斯頓（Henry John Temple Palmerston）二度成為英國的首相，八十一歲時死於相位之上。七十七歲的伽利略，眼已瞎，身已弱，仍每天不斷演算著鐘擺原理。真是讓人不禁感嘆：歲月易逝，熱情猶存；白髮叢生，敬意凜然；身雖老朽，依然故我。《奧德賽》出自一位老盲人，名為荷馬。米爾頓在窮困潦倒的老年，雙目失明，曾這樣說：「我不會對上帝的意志有任何抱怨，心中的希望與歡樂依然在跳躍。內心仍然充滿著感激之情。」當他在描述伊甸園第一對愛人的時候，歲月的風霜難掩他內心的悸動。

詹森博士（Samuel Johnson）的代表作《詩人們的生活》，是在他七十九歲時完成的。牛頓在八十三歲時仍為《基本原理》添加了一些概要。柏拉圖在生命的最後一息，仍在筆耕不輟，終年八十一歲。湯姆·斯科特在八十六歲的時候才開始學習希伯來語。伽利略在七十歲的時候才開始關於三大運動定律的寫作。瓦特在八十五歲時學習德語。薩默維爾在八十九歲時完成了《分子與顯微的科學》。洪堡德（Alexander von Humboldt）在九十歲時終於完成了《宇宙學》，一個月之後，他與世長辭了。

與美麗一樣，洋溢的熱情讓我們永遠年輕，將陽光駐於心間，這可算是一份天賜的禮物，但也是可以培養的。一位智者曾說：「唯有理解，方可獲取。」我更願意加上這一句：唯有熱情，方可獲取。熱情讓羞怯者充

097　俾斯麥（Bismarck, 1815-1898），普魯士宰相兼外交大臣，是德國近代史上傑出的政治家和外交家，被稱為「鐵血首相」。

滿新的希望，讓心碎者看到曙光。而對那些原先已經強大與勇敢的人，更
是如虎添翼。

第十五章
「我想，因此我一定能做到。」

在逆境中奮起，雖歷經磨練，卻無怨無悔，這是歷史上成大事者的必然要付出的代價。無論是男孩還是女孩，要想在未來成為有所成就必須從一開始就為生活做好準備。

　　「疑惑、恐懼、沮喪，這些都是自私與負面之人的『專利』，與我無關。上帝讓我不斷前行，內心中不時迴盪著這句話：我想，因此我一定能做到。」

　　「大自然是一片蒼茫的樹林與草叢，要想做好自己，就必須要有開拓的血性。」

　　「堅定的目標無疑是一顆自主之心的印證或是徽章，足以應對世事沉浮，人事變遷，最終將所有的障礙一一排除，順利抵達成功的彼岸。」

　　「生命有一點很有趣，即當我們真正地去做一件事情的時候，所有的負面因素看似都瞬間消散了。」

　　在穿越阿爾卑斯山脈的著名的行軍之後，拿破崙統領的軍隊來到了奧斯塔河邊。山谷蔥綠一片，在春日的義大利早晨顯得一派明媚。前方延綿的路，通往村莊、葡萄園、果園。左右兩旁夾雜著阿爾卑斯山的冷杉，峰頂覆蓋著皚皚白雪。當士兵們士氣高漲地前行的時候，突然士兵們傳言著，在山谷前面形成一個陡峭、崎嶇的峽谷，只有河水往那裡流淌，羊腸小徑都沒有。更要命的是，還有一個占盡天時地利的奧地利軍隊的堡壘，剛好建在險峻的岩石之上，易守難攻。這時讓軍隊繼續前進顯得不大可能了。即便是身經百戰的老兵都驚慌地面面相覷，死亡的陰影似乎立即籠罩在原先還哼著歡樂曲調的士兵腦海中。

　　但是，年輕的拿破崙仍是那麼冷靜、自若，沒有半點遲疑。他已經開始著手解決這個看上去不可能的困境。他小心翼翼地從一條小道走到了堡壘的對面，登上了一個制高點，拿破崙在一些矮小灌木叢的掩護下，透過望遠鏡，仔細地觀察著，對面的大炮排列著，四面都是岩石。突然，他發現了在那座堡壘之上還有一個懸崖，其中的隙縫大約剛好能讓加農炮穿

過，這樣整座堡壘就可以說不堪一擊了。而在對面的峭壁上，在加農炮的射程之外，還有一塊突出的岩石，足以讓一個人通過。

觀察完之後，拿破崙回到了陣地，他立即命令一支先鋒隊沿著那條路，一個個牽著馬經過。奧軍看到三萬五千名法軍沿著蜿蜒的山路，安全地匍匐繞過，像一條巨大的長蛇，緊緊地貼著岩石的表面，感到極為懊喪。

阿伯特說：「在到達峰頂的時候，拿破崙在日夜無眠的工作之後，累得不可開交，就在一塊岩石的陰影下睡覺了。長長的隊伍小心翼翼地穿過，每個士兵都注視著自己的統帥。他們不能打擾敬愛的統帥的睡眠。他們腳步輕輕經過拿破崙身旁的時候，眼睛都是盯著他那瘦削的身材與蒼白的臉頰。」

奧軍將領在寫信給梅拉斯將軍時說，他看到三萬五千名法軍與大約四千匹馬沿著阿爾卑斯山脈繞過了，但是沒有一門加農炮在他們的射擊範圍內經過。但是，當他正在寫信的時候，按照拿破崙事先的計畫，一半的法軍武器已經運到了山谷。在午夜的一片漆黑時分，沿著狹窄的山谷往下走。法軍沿路鋪著乾草與樹枝，將補給車的輪子都裹上外衣與稻草，在悄無聲息中搬運著潤滑的車輪。這一切都是在敵人手槍射程範圍之內的。第二天晚上，最後一臺加農炮被強壯的法軍運走。頃刻，這座堡壘淪陷了。

其他一些軍事將領可能會做出相似的決策，但像拿破崙這麼完美地計畫與執行，卻是前無古人的。這只不過是這位精力旺盛與無所畏懼的統帥無數次「奇蹟」之一而已。最終，法軍全勝，這就是發生在西元 1800 年 6 月 14 日著名的「馬倫哥戰役」。

約翰·福斯特說：「有一點是很讓人深思的，即當一個人有著一顆堅定與無畏的心，接著他就能為著目標掃除重重障礙，獲得寶貴的自由。」

不折不撓的意志與難以撼動的理想，總能找到實現的方式，即便沒有，也能創造出一個來。

　　但是，我們卻不能期望用一顆頑固的心去戰勝不為意志轉移的事實定局。意志的能量是通向成功所必需的，其他的力量也同樣重要。意志品質越強韌，我們就越能取得高遠與圓滿的成功。但是，意志必須要經過慎重的淬鍊，以知識與常識為依託。否則，我們只能南轅北轍，永遠到達不了目標。我們只是有能力去設想，在自己的能力範圍或是承受的堅忍度之內，能夠做什麼。有時候，一些障礙總是橫亙在我們前進的道路上，但是，我們卻可以希望或是嘗試一些其他的道路，說不定就能繞過。那時，我們就會發現原來所謂障礙也不是難以逾越的。一顆強大的心，不斷追逐著自己有可能實現的東西時，將逐漸地接近自己的理想。精神強韌、明智與堅持之人定能在世間事物的法則之內找到或是創造出自己的道路。

　　「成功做過的，還可以再次複製。」一位原本出身低微的男孩這樣說。他後來成為了比肯菲爾德公爵，當上了英國的首相。「我不是奴隸，也不是俘虜。我完全可以憑藉自己的能力去克服前進中的困難。」他的血管裡流淌著猶太血統，對於自己民族的歷史更是瞭若指掌。他時常深情回首那段當猶太人成為耶和華選擇的子民，約瑟夫與丹尼爾在異國出人頭地的漫長歷史，就是猶太民族遭受了長達數世紀的流亡迫害。墨爾本公爵曾問這位相貌英俊、無畏的少年將來要做什麼，比肯菲爾德說：「英國首相。」在英國下院遭受議員們的譏笑、噓聲與挖苦之後，他冷靜地說，他們遲早會靜下來聽我說話的。三次議會選舉的失利並沒有讓他心灰意冷。他從低層階級奮起，到達中產階級，然後再爬到上層階級。最後，他能在最高的政治與社交圈子裡鎮定自若，成為了這個黨的領袖，儘管其中的許多人對他的種族懷著深深的偏見，對於他這種自我奮鬥上來的「插足者」也心懷厭惡。

德斯萊利身上所散發出的英雄氣質，可從班・強生所著戲劇中的一個角色的形象。「當我一旦將一件事情幽默化，就彷彿變成了裁縫師手中的一根針，輕而易舉地穿過針孔。」

巴爾札克的父親想讓兒子放棄文學夢想，他說：「兒子，你知道嗎？在文學領域，一個人要麼是國王，要麼就是乞丐。」「是的，」年輕的巴爾札克回答說，「但我將成為國王。」之後，父母對他不聞不問，在接下來的十年間，他不時要與挫折與貧窮做鬥爭，但最終贏得了偉大的勝利。

班傑明・富蘭克林[098]對目標的堅忍度超乎人們的想像。當他在費城開始印刷工作的時候，每天都要推著獨輪手推車穿過大街小巷去賣報紙。他租了一間房子作為辦公場所，其實，這也是他工作與睡覺的地方。他找到了該城市裡一個強大的對手，並邀請他到自己的工作場所參觀。佛蘭克林指著自己晚餐留在餐桌上吃剩的麵包，說：「除非你生活的成本比我更低，否則，你是不可能餓著我的。」

天文學家克卜勒，現在這個名字大家都不會陌生。但是，他生前卻過著終日慘澹的日子，只能靠著占星術來維持生計。有時甚至還要昧著良心說話，占星術名義上雖為「天文學之女」，實為「天文學之母」。為了生存，他必須從事各種工作。他做過年譜，願意為任何給他支付薪水的人工作。但即便是在這麼困窘的生活條件下，他依然有著強大的意志不斷前進。韓弗理・大維沒有機會接受科學知識教育的機會，但卻有一股勇往直前的決心。在藥局裡當學徒與工作期間，他製造出了平底鍋、水壺與瓶子，大獲成功。

一位來自鄉村的棕色皮膚少年，拜訪時任阿斯莫爾大學校長的西蒙森

098 班傑明・富蘭克林 (Benjamin Franklin, 1706-1790)，美國著名科學家和發明家，著名的政治家、外交家、哲學家、文學家。

主教。年輕人一身簡樸的裝束讓主教不禁問他，生活上依靠誰的幫助。年輕人回答說：「先生，只是我的雙手而已。」這位少年後來成為了美國的國會議員。

當露意莎·奧爾柯特[099]第一次夢想著要實現自己的才華時，她的父親遞給她一份被《大西洋月刊》（*The Atlantic Monthly*）的主編詹姆斯·菲爾德退還的手稿，上面還附著這樣的留言：回去告訴露意莎還是繼續自己的教書生涯吧。她不可能成為一名作家的。

「告訴他，我能夠成為一名出色的作家。總有一天，我的稿子會發表在《大西洋月刊》上的。是的，這一天終於來到了，露意莎的稿子最終被該雜誌所接納。她靠著自己筆桿賺得了二十萬美金的收入。她曾在日記中這樣寫道：「二十年前，我努力著要維持家人的基本生活。現在我四十歲了，這個任務已經實現了。我的所有債務都已還清，甚至一些久拖不還的，都一概還清了。現在我的生活很舒適。也許，在這個過程中，我的健康在一定程度上受到了損耗。」

當道格拉斯·傑羅爾德[100]被醫生告知自己命不久矣時，他大聲地說：「什麼？我要丟下家裡那一群可憐的孩子？不，我絕不能死。」他實現了自己的諾言，接著又好好地活了很多年。

愛默生說：「我們在前行的過程中，心懷感念，相信自己與命運之神有著一種堅忍的連繫，在我們危急的時候，絕不會視而不見。可能是一本書，一尊半身雕像，抑或只是一個人的名字，都足以擦亮大腦的火花，讓我們突然間相信上天的意志。要是沒有全新的勇氣，就不可能存在任何個人的英勇或傑出的表現。」

099　露意莎·奧爾柯特（Louisa M. Alcott, 1832-1888），美國小說家。
100　道格拉斯·傑羅爾德（Douglas Jerrold, 1803-1857），英國戲劇家，小說家。

　　年輕人在踏上生活之旅時，要下定決心，要睜大雙眼，凡事多留意，不要讓任何有益於自身成長的東西從眼前溜過；讓雙耳傾聽引領我們前進的每一種聲音；伸出雙手，抓住每個機會，時刻留心讓自己成長的機遇，將生活的每一次感受描繪成一幅絢麗的生活畫卷；放飛心靈，感受每一刻精彩與感動的瞬間；要有堅定的心，決心排除萬難，殺出一條血路，永不倦怠，永不與失敗為伍，而要一直往前走，克服環境的掣肘，超脫出來，採擷理想的果實。若是這樣做的話，必將取得成功。這是毋庸置疑的。

　　在逆境中奮起，雖歷經磨練，卻無怨無悔，這是歷史上成大事者必然要付出的代價。無論男孩還是女孩，要想在未來有所成就，必須從一開始就為生活做好準備，勇敢地與人生各種阻滯自身邁進的困難做鬥爭。年輕的男女在步入社會時，就應該意識到，生活的挫折不僅是難以避免的，而且也是他們走向輝煌的成功所必不可少的。最終，他們取得的成就讓所有的代價都物有所值。

　　耐心、堅忍、無畏的勇氣、忠於崇高的理想與生活的最終目標，這些都是對富有理想的善男信女的考驗，也是通往最偉大成就的階梯。

　　強尼說，任何境遇，都會有我們想努力迴避的艱難、痛苦。我們希望能凡事一帆風順，自己的命運之路能無風無雨，因為我們有歡笑的朋友與不費力氣而得的成功。但是，上天卻注定要讓我們每個人歷經風雨、苦難甚至痛楚。問題是我們能否照樣活出自己的人生，是否照樣擁有強大的心靈，或是自怨自艾，這就取決於我們在面對逆境時的自我掌握。外在的磨練、錘鍊我們的熱情，讓各種機能與自身的美德得到鍛鍊，有時，甚至會煥發出新的能量。挫折是人生的一部分，考驗著每個人真正的能力。當處於緊迫的關頭，人事的阻滯，時局的突然變化，或是各種讓人痛苦的事情驟然而至，不要垂頭喪氣，而是從自己深處的內心找尋力量，向上帝祈求

能量，讓我們的人生目標更加明朗，重新煥發出更為堅定的勇氣。沒有比
這更能淬鍊一個人的自我修養了。

　　所謂勇氣，就像一塊磨石對一把斧頭說：「你很堅硬，是吧？但我比
你更加堅硬，更加頑固。我會用自己的真材實料讓你一點點消耗掉。」加
里森（William Lloyd Garrison）在《解放者》（*The Liberator*）中英勇地寫道：
「我是認真的，絕不含糊，也不會為自己找任何藉口。我不會後退一步。
你們可給我記住了。」磨石的勇氣將數千把斧頭磨得無比鋒利。

　　「我終於回到這裡了！」一個臉色堅定的男人在進門時，對著杜馬斯
將軍大聲喊道。此時，杜馬斯將軍正在德國境內尼曼河的一位法國內科醫
生的家裡坐著，時間是西元 1812 年 12 月 13 日。杜馬斯以疑惑的眼神仔
細端詳著這位陌生來者。來者裹著一件很大的披風，頭髮與鬍鬚都很長，
給人很蓬亂的感覺，頭髮卻沾有火藥的味道，臉色很蒼白，身材瘦削，身
上殘留著黑色的粉末。但是，他的眼神卻閃爍著堅定的目光，整個人的行
為舉止顯示出，這是一個鐵腕之人。

　　「什麼？杜馬斯將軍！」來者驚呼道，「你竟然認不出我來了？」

　　「是的。」杜馬斯回答說，「你到底是誰？」

　　「我是帝國軍隊殿後軍的奈伊元帥啊！」

　　杜馬斯將軍再一次很認真地觀察著。最終，他自言自語地說：「是的，
這的確是奈伊啊！」

　　在當天的早晨，拿破崙殘餘的帝國軍隊，人數大約為三萬左右，從俄
國境內敗退，越過了尼曼河。負責斷後的奈伊清點著人數，只有少得可憐
的三百人！但是士兵們仍然抬起高昂的頭顱。奈伊從俄軍四路各五千兵力
的圍剿中突圍而出，沿途還將七百名新兵招入部隊。為了保證大部隊能順

利經過大橋，他的殘餘部隊抵抗著數以千計的俄軍，直到他的部隊人數不斷縮減，之後只剩下三十個士兵排成一列了。他們一直堅持著，直到大部隊全部跨過大橋。士兵們迅速地走過大橋，但是奈伊則冷靜地背著走，向俄軍打完了槍中的最後一發子彈，然後才將槍扔進大河，離開了這片敵人的國土。難怪，這樣的一個人被稱為「勇敢之王」。

在西元 1793 年的土倫戰役中，拿破崙想找一個會寫報告的人聽寫自己的命令。一個士兵勇敢站出來，在一面臨時搭建的低矮防護牆上寫著。當他寫完第一頁的時候，英軍的加農炮落在他們附近，濺起的泥土潑灑在紙上。士兵大聲說：「多謝。但是這一頁不再需要沙子了。」

拿破崙說：「年輕人，我能為你做些什麼呢？」

「所有事情。」他摸著自己的左肩膀說，「你可以將這裡的毛絨變成一個肩章。」

幾天後，拿破崙想派遣一個人去偵察敵軍的戰壕。他讓這個士兵在一番偽裝之後去執行這個任務，因為這是風險極高的。

這個士兵說：「不！你以為我是臥底嗎？我會穿著這身軍服，儘管我可能有去無回了。」

最終，他毫髮未傷地回來了。拿破崙馬上提拔他。他就是後來的朱諾特元帥。

在約翰·沃爾特管理下的倫敦《泰晤士報》（The Times）是一份不起眼的報紙，而且面臨著持續的虧損。他的兒子小約翰此時二十七歲，他央求父親讓他負責全面的管理。在思量再三之後，老約翰終於同意了。這位年輕的記者開始了重振報業的工作，到處挖掘新的報業理念。之前，這份報紙嘗試過要引領大眾輿論，但沒有自身的一些個性與鮮明的特點。這位年

輕的主編大刀闊斧地攻擊社會上一些錯誤的行為，甚至當他覺得政府存在腐敗時，也不留情面地攻擊。因此，一些政府機構的贊助、出版社或是廣告都撤出了該份報紙。他的父親感到十分絕望，他肯定自己的兒子將要親手毀掉這份報紙與其前程。但任何抱怨都不能讓他改變自己要打造一份具有影響力的報紙 —— 一份具有自身鮮明色彩與獨立的報紙。不多久，大眾們就發現，在《泰晤士報》背後潛藏著一股新生的力量，報紙裡的內容都是一些具有深度的報導。這份原先被人瞧不起的報紙，注入了一種新的血液與新的思想。小約翰憑藉自己的聰明才智、對目標堅忍不拔的追求，讓他走在了時代的前列 —— 他開創了前人所沒有做過的方式。在報紙上引入了一些外國的即時報導。而這些報導通常在《泰晤士報》上刊登數天之後，政府的喉舌才予以報導。該報還引入了「頭版頭條」。但是，這位不斷追求新聞自由的年輕人卻惹怒了政府。政府禁止該報在國外設置通訊處，只允許一些支援政府的記者繼續從事新聞活動。但是，政府的這些舉動並不能阻擋這位勇敢無畏的年輕人。他斥巨資聘請一些特別的通訊員進行報導。在前進道路上遇到的每個困難以及政府的阻撓只能更加堅定他取勝的信念。勇敢進取，堅忍不拔，這些都是《泰晤士報》成功背後的重要原因。任何力量都不能阻礙其追求新聞的獨立與自由。

愛默生說：「膚淺之人只是一味地依賴於運氣與環境。這種所謂的運氣可能降落在別人頭上，也可能是偶然落在自己頭上，總之這是虛無縹緲的。而強人則相信因果之連繫。所有成功之人都會認可一點，即他們是因果論的信徒。他們相信任何的成就都絕非是運氣所致，而是都要遵循一定的法則。在首尾相連的鏈條中，容不得脆弱的一環。」

生活的獎賞應由無所不知的上帝來做一個公平的賞賜。因為，只有他知道我們所有人的缺點與軟弱之處，知道我們走了多遠，背負多少重量，

歷經多少磨難。但是，上帝衡量我們的法則是這樣的：不是看誰走得路長，而是看我們在一路上克服多少的障礙。一個窮苦之人在默默地努力著，抵抗著各種誘惑，貧窮的女人在靜默的心中，將自己的悲傷掩埋掉，用手中的線一針一針地擺脫生活的困窘。而那些默默地忍受著生活苦楚、不被世人認可甚至是鄙視的人，最終卻有可能獲得最大的獎賞。

第十六章
關鍵時刻的勇氣

成功不是以我們取得什麼來衡量的,而是我們所克服的障礙,在面對難以逾越的挫折時所展現的勇氣。

我們跌倒了！

但是在關鍵的時刻，請牢牢抓住勇氣。

那麼，我們就絕不會失敗。

—— 莎士比亞

堅忍與圓滑是所有有志不斷攀登的人都必須具備的兩種最寶貴特質，特別是就那些想從芸芸眾生中脫穎而出的人而言。

—— 德斯萊利

卡萊爾說：「堅忍，是維繫所有美德的關鍵。俯瞰大千世界，紛紛擾擾，那些在事業上遭受慘敗之後，接著自暴自棄，給自己人生抹上難以消去的汙點的人，十有八九都不是源自他們自身的才智，或是缺乏發掘自身潛能的欲望，而是因為他們總是猶豫不決，以一種散亂的方式去使用著，不斷轉變自身的目標，在每次失意之後都逐漸疏遠原先的理想，將原先應該專注於解決一個障礙的能量，泛泛地用到一系列人類力量所不及的問題上。地球上哪怕是最小的溪流，只要長年累月不斷地流淌，就會在山谷下廓出一道蜿蜒的河道。而最狂野的風暴在橫掃幾個村落，拔起一些樹木與折斷枝葉之後，在很短的時間內，卻不見蹤影了。因此，賜予我堅忍的美德吧！若是缺失了這種美德，其他的一切亦不過是一塊假黃金，在你的錢袋裡閃閃發光。但一旦拿到市場上，則被證明只是一塊板岩或是煤渣而已。」

人，可以被打敗，但不能被毀滅。我們要追求勝利，但不能虛榮成癮。要努力地去爭取生活的獎章，要麼以自己誠實的努力去獲得，要麼就大度地失去。充分發掘自己的潛能，但是絕不要乘人之危或是做一些有違道義之事。這樣，我們才是將人生的命運牢牢掌握在自己手中的英雄。

當拿破崙從莫斯科狼狽地撤退到克拉斯諾這個地方時，他的軍隊只剩下九千多名士兵，其中很多人都是處於半飢餓狀態，筋疲力盡，一些士兵失去了雙臂。而在他們的後面則是由庫圖索夫統領的八千多名以逸待勞、裝備齊整的俄軍，在一直窮追不捨著。只要撤軍時間稍微延遲，就會讓俄軍搶先一步攻占大橋，形成前後夾攻，這樣撤退就變得不可能了。但是，奈伊將軍與路易士·尼古拉斯·達武元帥仍在後方阻擋著俄軍的推進，已經好幾天都沒有他們的消息了。要是回去援助他們的話，必然是落得個全軍覆沒的下場。但是，拿破崙絕不是在危難關頭落下自己忠誠部下的統帥，他果斷地命令部隊掉頭。

「立即出發。」拿破崙對拉普將軍命令道。他的眼神直盯著對面占盡地形的俄軍。「在夜晚黑暗的時候，用刀去襲擊他們，讓他們感受一下我們的無畏的勇氣。我要他們為自己的行為感到後悔，看他們還敢不敢接近我們的大營。」

但在思考了一下之後，他叫來拉普將軍，說：「你還是不要去了，讓羅格特與他的分隊去吧。我不想看到你去送死。到了丹席克，我還有重要任務交給你。」

戰鬥是慘烈的，直到翌日凌晨二點才結束，此時，達武元帥出現了，但是，奈伊依然杳無音訊。大軍開始沿著風雪前進，最終在第聶伯河有了奈伊的消息。一支五千人的軍隊回來營救他。

拉普將軍說：「當我傳遞拿破崙要求羅格特返回營救達武元帥與奈伊將軍命令時，我的內心真的難以置信。當時拿破崙被八千多名的敵軍包圍，第二天正欲以九千人的殘餘部隊反擊。此時，他對自己的安危也是置之度外，正如當他被兩股敵人包圍在丹席克這個城市的時候，忍受著冬天

帶來的飢餓，而援軍仍在五百多哩之外，仍是那麼鎮定與無畏。

　　但正是這種冷靜、自信、仔細與富有遠見的計畫，加上泰山崩於眼前而面不改色的勇氣，一往無前的堅忍，最終讓拿破崙得以帶著殘餘部隊撤出俄國。越過了俄國國境，他踐行了自己的諾言，讓拉普擔任重要的職務。

　　首先，我們要明智地採納建議，然後狠下決心，最後以難以動搖的堅持去實現目標。不要讓膽怯者止步的小小挫折影響自己 ── 這樣，方能追求卓越。

　　若一個年輕人沒有堅持的品格，在障礙面前踟躕不前，沒有讓困難向理想屈服的勇氣，消除眼前的阻滯，那麼，他最多只能得過且過。這樣的人可能具有很多優秀的天賦：可能天資聰穎、勤勉與謙遜，但若是缺失了堅持，缺乏一種「不成功，便成仁」的決心的話，那麼，他的人生就缺乏了穩固的基礎。

　　也許，堅持與永不放棄的特質，能讓年輕人不斷成長，以致獲得一定的聲譽。這種聲譽，在所有民族中都是一份讚許。相比起心智脆弱之人繼承的財富，這種聲譽要更為寶貴。

　　只要我們能在自己所從事的工作中看到一種永恆，不管別人怎麼看、怎麼說，擁有著一種毅力與堅定的目標，不管成功或失敗，都要一往無前。這樣的人是整個世界所亟須的。真正考驗一個人的，是我們能否有始有終。正是那些有決心始終堅持、從不放棄對工作的執著的人，最終享受到甜美的果實。

　　「他能夠堅持下去嗎？能夠不顧一切，勇往直前嗎？當別人放棄的時候，他是否仍在堅忍著？不論歷經風雨、浮沉，或是同路人基本已經放手

了，他能夠依然繼續嗎？當別人脆弱的時候，他能否依然堅強？」若是年輕人能對這些問題有響亮的肯定回答，終將發現一條適合自己的道路。不管多少人失敗了，他終究會成功的。

一個倫敦年輕人為了找一份工作，決心將跑遍所有的辦公機構，不管路程多麼遙遠。在堅持一段時間之後，他的遭遇足以讓大部分年輕人都沮喪不已了。他來到了一間企業，那裡的人告訴他這裡是不招聘像他這樣毫無經驗的「小孩」，叫他不要費力了。但是，這間企業的負責人是一位老紳士。當年輕人告訴他已經跑遍了幾乎所有的辦公機構，若是還找不到的話，仍將繼續下去，直到找到為止。紳士有感於年輕人的毅力，他告訴年輕人回家，用最漂亮的字跡寫一封信，看看能不能幫助他。許多年輕人由於書寫潦草或是不工整的商業信函而失去機會。但是，這位堅持的年輕人在信中的字跡是工整的，讓人感到滿意，因此，獲得了一份工作的機會。他證明了自己是一位富有才幹的人，從此，就一直在這家企業裡工作。

下面這個故事沒有續集，但仍讓人覺得很完整。

「你們要招聘年輕人嗎？」一個應聘者手中拿著帽子，問辦公室的負責人。

「我們不招像你這麼小的。」負責人回答說。

「你們不需要招人？」應聘者毫不感到尷尬。

「是的，我們不想招像你這麼小的。」

但是，這個年輕人是不會放棄的。

「先生，那麼，你們遲早都會招像我這樣的人，對嗎？」他詢問道。

「是的，我們的確需要。我想，你應該就是我們所需要的。」負責人回答說。

　　人生的賽跑，勝者並不總是腳步快的人。堅持不懈的烏龜可能最終戰勝自滿的兔子。據說，當人類毫不在意地踩在螞蟻的巢穴時，牠總是不厭其煩地修復著。蜘蛛一生殫精竭慮，在臨死之前都一定要編織好一張網。蜜蜂不會被自己採蜜的多少所迷惑，在夏天鮮花盛開的季節，牠仍舊終日勤勉地工作著；如果近處的鮮花「吝嗇」的話，這個小小的「勤勞者」就會飛到更遠的地方去，兢兢業業地採取著蜂蜜。從這些小的生物身上，我們可以學到許多人生的教義。牠們身形極小，智慧卻極高。

　　韃靼人蒂莫爾在敵軍的進攻下，潰不成軍，躲在一座陳舊的廢墟建築裡。當驚心動魄的心跳平復過來後，他找到了一種擺脫煩惱的方式，即仔細觀察一隻小螞蟻背負著一粒體積要比牠大幾倍的稻穀，就彷彿背著一堵巨牆。這只小螞蟻不時要放下這顆稻穀，歇一下。但是，在牠將要到達終點時，稻穀掉到了地下。這樣的情況出現了六十九次，但是螞蟻還要繼續嘗試第七十次，直到最後成功了。蒂莫爾永遠難以忘懷這個小生物教給他的堅忍與勇氣的人生道理。

　　堅忍所帶來的一系列傳奇是歷史上最讓人著迷的主題。歷史上許多故事講述著能力雖平平，但卻具有百折不撓毅力的人，如何取得成功的奇蹟，就好像讀了一遍《天方夜譚》一樣。對目標的堅定不移，這是所有在世上留下烙印的偉人所必備的特質。

　　有人曾這樣做個形象的比喻：堅忍，就好比是政治家的大腦，武士手中的利劍，發明家的奧祕與學者們的「芝麻開門」。

　　惠普爾說：「堅持不懈這種特質，將一流的天才從芸芸眾生中分離出來。」堅忍之於天賦，就好比蒸汽之於引擎。正是這種動力讓機器順利完成其本應執行的任務。即便能力平平，若能堅持不懈，也比能力出眾、三

天打漁兩天晒網的人走得更遠。

許多天才的發展過程是緩慢的。橡樹生長千年之後，也不能綻放出像蘆薈那樣的美麗。生長在美洲的蘆薈也是這樣，好幾年了都好像沒有一絲動靜。但是，當時機成熟了，不鳴則已一鳴驚人。這些植物就會在高高的枝椏上「噴射」出數不清的花朵。世人往往到了此時，才會真正學會欣賞它們所具有的美麗，給予它們應有的尊重。

悉尼‧史密夫說：「一般而言，真正偉大之人的生活都是一部持續努力奮鬥的讚歌。他們在人生的早年，都曾活在貧窮所帶來的困境 —— 被一些軟弱的人忽視、誤解與指責 —— 當別人呼呼大睡的時候，他在思考著；當別人喧鬧時，他在靜靜地閱讀。他們內心有一股聲音，即不能與這些社會的庸碌之人混在一起。當時機一到，就會讓他們邁出人生的第一步，彷彿瞬間成為公共生活中一顆閃耀的明星，但是背後卻有多少的時日的艱辛、勞作與心靈的掙扎。」

毛奇，也許是有史以來最為偉大的策略家，直到六十六歲時仍一直堅持奮鬥，直到屬於自己的機遇真正降臨。

堅忍也是軍事英雄所具有的特質。當格蘭特年僅十六歲時，就深諳後退沒有出路這一點。無論做什麼事情，他都要堅持到最後。所以，當他說「我能做到」時，他必定能做到。有一個關於林肯與一名軍官的故事。在林肯遇刺十天前的晚上，在戲院裡，他表現出了對這位要求敵軍「無條件投降」的將軍優點的讚美。林肯說：「我要告訴你一個格蘭特與騾子的故事。當他還只是個年輕人時，一次，馬戲團來到了他所住的城鎮。他跑到制革工人那裡，問他索取一張門票。但是這位不通人情的工人拒絕了他。所以，格蘭特做了他最擅長的事情（這其實也是我最擅長的），那就是偷

偷地溜進了帳篷之內。馬戲團團長有一隻醜陋的騾子，沒人能夠駕馭。團長懸賞一美元給那個能在抓住繩子情況下駕著騾子，而不被拋開的人。許多年輕人都嘗試過了，但是都失敗了。最後，年輕的格蘭特從後面站了出來，對團長說：『我要嘗試一下。』『好的。』團長一口答應。格蘭特抓住繩子騎著，但最後還是被甩出去了。他站起來，脫掉自己的外套，大聲說：『讓我再試一次。』這次，他將自己的身體緊緊地貼在騾子的頭上，使出全身的力氣抓住牠的尾巴，不管騾子怎麼跳動，格蘭特始終堅持著，最後贏得了獎賞。」林肯接著說，「在里士滿，格蘭特也會這樣做。他會一直堅持的，永不放棄，直到取得勝利為止。」

在內戰中，諸如格蘭特與傑克遜這樣「石牆般」的人，就像之前的拿破崙一樣，從來不會讓自己被打敗。敵人的刺刀、子彈、炮彈、魚雷、地雷，甚至失敗本身都不能阻擋他們前進的腳步。他們是永不放棄的人——本身就是由堅不可摧的物質構成的。

「即便是要從危險重重的山峰上採摘堅固的王冠，
每一個行動仍具有一種神性，讓我們獲得成功。」

拿破崙曾說，他所讚賞的英勇是「凌晨二點鐘的勇氣」。無疑，這種特質對於一位成就偉業的帝王而言是必需的。但，若是拿破崙沒有一位現代作家稱之為「下午五點鐘的勇氣」特質的話，人們也不禁要懷疑他能否還會享有如此高的歷史地位。該作家說：「在一天漫長的工作與心理煩惱之後，我們的精神已經很疲憊了，耐心也幾乎被消磨光了。此時，要想繼續保持對目標的專注，讓自己的精神狀態維持在一定的水準，保證在一天工作將結束的時候不會草草了事，這需要極高層次的能量與堅持。我看到過許多原本應該掌握的機遇，就是因為缺乏「下午五點鐘的勇氣」而從手

中溜走。若是從屬於國會的委員會的一些談判祕密被公布的話，我們就會發現許多政策之所以失敗，完全是因為堅持者在最後一刻軟化了立場，妥協了。若是能夠繼續堅持一下的話，就可成功地完成。法國人常說，萬事起頭難，但善終才是最重要的。當耶穌的使徒保羅對以弗所的基督徒說凡事要善始善終，切莫半途而廢時，他是深諳其中深意的。

完美展現出「下午五點鐘時的勇氣」的人，非李文斯頓英雄般的堅忍莫屬。二十七次身染高燒，無數次遭受野蠻人的襲擊，隻身一人在茫茫的叢林中穿梭，曾無數讓這位英勇的旅行者接近死亡的邊緣，最後消瘦得如皮包骨。但是，所有這些都不能讓他稍微動搖堅定的意志。當隨從人員拒絕繼續與他前行，並威脅讓他一人留在沙漠中時，他說：「在勸說無效之後，我宣布，若是他們返程的話，我會隻身繼續走下去。我回到小帳篷裡，將我的心交給上帝，讓他傾聽我的嘆息。馬上，似乎有一個人進入我的心靈，對我說：『不要沮喪，不要理會別人尖酸的話語。無論你走到哪裡，我們都會跟隨著你，絕不將你拋棄。』」

喬治·史蒂文生並不是鐵軌的發明者，也不是最先想出讓蒸汽機透過裝載水與燃料在鐵軌上奔馳的人。特里維斯克（Richard Trevithick）先前發明的引擎，具有後來史蒂文生蒸汽火車頭的主要技術特點。為什麼我們會將史蒂文生稱為現代蒸汽火車的發明者，而不是特里維斯克呢？難道兩人之間的差別不正是是否具備「下午五點鐘時的勇氣」嗎？特里維斯克後來感到沮喪，於是就放棄了。而史蒂文生在仔細地研究之後，發現了前人的不足，在對細節無數次認真仔細的比較後，終於找到了修補缺陷的途徑。要是一個沒有恆心的人，早就放棄了。最終，在西元 1815 年，他製造出一臺名叫「噗噗的比利」的引擎，證明是適用而且經濟的。但是，在完全征服困難之前，他依然鍥而不捨。他是有史以來第一位對火車旅遊這種全

新方式抱有信念的人。儘管接下來又遇到了數不清的挫折，但他無所畏懼。終於在西元 1830 年製造出「火箭」號火車頭。這種製造原理仍適用於今日從利物浦駛向曼徹斯特的火車頭。最終，史蒂文生實現了自己的人生願望。

休‧米勒[101] 說：「我所唯一看重的優點，就是一種耐心的研究 —— 可能很多人在這方面都可以與我相當，甚至超過我。若這種看似不起眼的耐心得到正確的引導，將可能比天賦本身收穫更大的成就。」

「當我們認真與堅持地工作時，」歌德說，「時常需要不斷努力才行，這樣才能超越那些借助風勢與潮汐前行的人。」只是憑藉大風與潮浪的幫助，如果沒有一種不斷堅持的品性，是難成大器的。鍥而不捨甚至是固執，可以說是在任何工作、行業裡取得成功所必需的特質。這種特質之於各行各業，就好比串聯起珍珠的線，將一顆顆珠寶連接在一起，形成一串美麗閃耀的項鍊。

戈德史密斯[102] 每天都要認真地想幾行句子，從不間斷。他花了七年的時間終於完成了《被遺棄的村落》（*The Deserted Village*）。他說：「長期養成的寫作習慣，讓人獲得一種思想的高度以及嫻熟的表達方式。這是那些即便極具天賦的休閒作家都難以做到的。」

「我在練習簡短的表述方法上耗費了多少心血啊！我不斷的改進都是於此。」狄更斯說，「我所寫出的文章都是經過我深思熟慮與不斷修改所得來的。我知道這是我性格的優點之一。當我回首自己的創作生涯時，覺得自己找到成功的源泉。」

101　休‧米勒 (Hugh Miller, 1802-1856)，蘇格蘭地理學家，小說家。
102　戈德史密斯 (Goldsmith，即 Oliver Goldsmith, 1730-1774)，愛爾蘭詩人，醫生。

　　《紅字》（*The Scarlet Letter*）堪稱美國文學史上最優秀的一部小說。但這部小說的創作過程中，卻經歷了難以想像的艱苦與挫折，若是沒有一顆像霍桑[103]那樣的心靈，肯定已經放棄了。戰勝挫折，迎難而上，這就是霍桑努力的真實寫照。在準備這部傑出的小說時，他用自己的筆在筆記本上記錄下了許許多多看似毫無價值的瑣事。在長達二十年的時間裡，他默默無聞地工作著，不被世人所認識。但是，他不斷對自己說：「我的好運會來到的。」他最終等到了自己的好運。

　　鮑沃爾[104]是如此「明目張膽」地與命運之神做鬥爭，改變自身命運的車輪！他的第一部小說很糟，早期的詩歌也不被人欣賞。他那充滿青春氣息的演說，卻招來了許多反對者的譏諷。但是，他不懼失敗與嘲笑，走自己的路，直到成功為止。

　　謝爾登[105]的《醜聞學校》（*The School for Scandal*）一書中的人物性格的描寫被認為是天才的傑作，似乎仍在發散著某種白色的熱氣。其實，這本書是經過作者不斷修改與重塑的產物。出自彼特爵士與特勒女士口中的許多演說，其實都是在他們的第一稿的基礎上不斷修改與整理所得的，直到與原稿好像沒有任何關聯。奧利佛·溫德爾·霍爾姆斯（Oliver Wendell Holmes）總是不斷地修改與完善著自己的詩句，朗費羅在創作詩歌時斟酌推敲，小心翼翼，然後才慢慢地寫下來。他曾將字跡工整的手稿寄給印刷商，上面沒有一絲修改的痕跡。但在這份手稿中幾乎沒有包含多少原稿的內容。據說，當整本《神性的悲劇》排好版之後，仍然還要被重寫。愛默生總是極為謹慎地修改著自己所寫的文章。他在寫作前已經做足了功課，

103　霍桑（Hawthorne，即 Nathaniel Hawthorne, 1804-1864），美國小說家，代表作《紅字》。

104　鮑沃爾（Bulwer，即 Edward George Earle Lytton Bulwer, 1803-1873），英國政治家，詩人，戲劇作家。

105　謝爾登（Sheridan, 1751-1816），愛爾蘭戲劇家，詩人。

然後靜靜地思考，絞盡腦汁。他的一些看似出自靈感的句子，其實都是在不斷堅持的努力下不斷重寫所得的，不時認真地加以修改，將一些新內容加進去。他在修改時是毫不留情的，他保存下的手稿上充斥著修改的痕跡與塗改，幾乎每一頁上都有他辛勤改正的印記。他的一位自傳作者告訴我們：「他好像是在不斷地挑選著蘋果，只有最珍奇與最完美的，才會被保存下來。他不管那些被他扔掉的蘋果其實已經很不錯了。他覺得，只有這樣才能真正讓果園更加錯落有致，因此，做出一些大膽的犧牲是必需的。他在寫文章時是很慢的，通常要花費幾個月時間去思考，甚至要整年堅忍創作。」

　　阿里奧斯托 [106] 曾寫了十六個版本的《一場暴風雨的描述》（*The Tempest*）。他花了十年時間創作劇本《瘋狂奧蘭多》（*Orlando Furioso*），每本的價格僅為十五分，只賣出了一百本。伯克的《給高貴的公爵的一封信》（我認為這是文學中一朵奇葩）的樣稿在交給出版商時，已經被修改得面目全非了。出版商拒絕這樣出版。最終，這本書做了一次全面的整理。亞當·特克耗時十八年完成了《自然之光》（*Light of Nature*）。一位自然學者花了八年時間寫作《蜉蝣的解剖》。梭羅的新英格蘭田園詩歌〈康科特與梅里麥克河邊的一週〉（*A Week on the Concord and Merrimack Rivers*），被證明失敗得一塌糊塗。在發行的一千本書中有多達七百本被迫返回出版商。梭羅在日記中這樣寫道：「在我自己的圖書館中，有七百本都是我自己所寫的。」但是這些挫折並沒有將他動搖，仍像以往那樣決心寫作。

　　雷諾斯說：「任何人若想在繪畫或是其他藝術領域中脫穎而出，就必須從早晨起來那一刻到睡覺的那一刻，都要將心思放在自己的作品上。約書亞在被問到創作一幅畫作需要多長時間，他說：『一輩子』。」

106　阿里奧斯托（Ariosto, 1474-1553），義大利詩人，戲劇家。

　　「我終於等到這個機會了！」艾德蒙德‧基恩回到家對著一臉疑惑的妻子興奮地喊著，難以抑制自己洶湧的情感，「瑪麗，你應該要去搭乘馬車了，查爾斯要去艾頓了！」基恩一直熱心於自身的工作，最終在他那個時代留下了自己的印記。他身形瘦削，臉色有點黑，一副天生好歌喉。但在年輕時，他就下定決心要去演馬辛傑戲劇中的賈爾斯‧歐佛里奇一角，這在之前沒有人曾扮演過。面臨的任何困難都不能阻擋他對理想的執著。他不斷地訓練著自己，為成功地扮演這個角色打下準備。當他演完了，取得極大的成功，整個倫敦都被他的演出征服了。

　　著名演員薩森，自稱在其早期的戲劇演出時，常常為自己的無能感到自卑。法國最為著名的演員塔爾瑪，在首秀時曾遭到過觀眾的噓聲。

　　享有盛名的牧師拉科代爾是在屢經失敗之後，才逐漸成名的。據蒙塔伯勒說，拉科代爾是在聖‧羅奇教堂開始自己第一次的布道大會。這是一場徹徹底底的失敗。在場的每個人在走出教堂時都異口同聲地說：「雖然他是一位很有才華的人，但是永遠也做不了一名牧師。」拉科代爾不斷地嘗試著，直到成功。在他首次布道後兩年，他就在巴黎聖母院裡布道，這是繼波斯維特與馬西隆之後法國極少數人能做到的。

　　查爾斯‧詹姆斯‧福克斯說：「一個年輕人在第一次演說就獲得了成功，這的確很不錯。他可能不斷前進，也可能沾沾自喜於此。但是，我更想看到一個一開始失敗的年輕人，仍然鼓起勇氣不斷前進。我打賭，這位屢敗屢戰的年輕人要比那些一開始就取得成功的人走得更遠。」

　　當謝里登在國會的首次演說反應平平，有人說他永遠也成為不了演說家時，他大聲對自己說：「這一切都取決於我。我要讓這個夢想成為現實。」後來，他成為那個時代最著名的演說家。

當皮爾斯年輕時在酒吧裡首次演出時，他失敗得一塌糊塗。雖然深感愧疚，但是他並沒有沮喪。他說，自己還要繼續嘗試九百九十九次，如果繼續失敗，那麼，就嘗試第一千次。他的這個例子，只不過再次說明了逆境具有「增益其所不能」的能量。

某天，一位紐約富有的商人接受《派克》雜誌採訪時，說道：「偶爾給年輕人們一些鼓勵，這對他們是很有益處的。我將自己的成功歸結於小時候我遇到的一位脾氣暴躁的老農夫。那時，我正在努力嘗試劈開紋理不規則的山胡桃木，因為我們的木材是堆放在路旁的，所以，我努力的樣子引起了一位農夫的注意。他叫一些人停下來看著我。我真有點受寵若驚的感覺，因為他是鎮上出了名的高傲與脾氣不好的人，對一些年輕人從來都是不理不睬的，除了當他果園的蘋果成熟後，手中拿著獵槍守衛著這些成果，才會睜大雙眼注視這些小孩子。所以，我用盡全身的力氣，手上都磨起了水泡。但是，該死的木頭就是不會裂開。我討厭被打敗的感覺，但又感到無能為力，也沒人能夠幫助我。這位農夫似乎注意到了我的懊喪之情。」

「哈哈！我想你肯定會就此不做了。」他笑著低聲說。

「這些話語正是我所需要的。我沒有回答。但是我卻感覺到要想劈開這塊木材的話，斧頭必須要沿著一定的規律。當我沿著木材的紋路上砍下去，它們裂開了，發出一陣清脆的劈啪聲響，裂口不斷擴大，最後被劈成兩半。這位等著看好戲的農夫悻悻地走了。當我初涉商界之後，也經常會犯一些難以避免的錯誤。每逢自我懷疑時，我總覺得朋友們站在周圍等著對我說：「我覺得你應該放棄了。」但是，那位老農夫給了我上了一門關於成功的課程。所以，你可以看到，只要一個年輕人自身具有才華，必然會受益於一些方式正確的鼓勵之詞 —— 有時，一聲適時的譏笑要比一桶糖果更有益處呢！」

　　成功不是以我們取得什麼來衡量的，而是我們所克服的障礙，在面對難以逾越的挫折時所展現的勇氣。

　　讓我們渡過危機的志氣是長期努力與蟄伏的結果。寇里爾稱這種志氣對人而言也意味著一種成就——「當你感到自己必須做某件事時，有能力做到最好的自己。否則，你將失去自身一些可貴的東西。我們要始終保持一種良好的狀態，在危機襲來時，做到最好，扭轉時運。有足夠的堅忍去承受長時間的鬥爭，仍然覺得還遊刃有餘，永不知道被打敗的感覺。因為你從來就不會被打敗。」對那些毫無志氣的人而言，每一次失敗都是致命的。正是這種堅持的能量讓我們能緊緊地抓住自己的目標。

　　當你覺得自己處於正確的軌道時，絕不要讓任何失敗模糊你的視線或是讓你踟躕不前，因為你永遠也不知道自己離成功是多麼近！人生中最為危險的時刻，就是當我們感覺要放棄的時候。失去勇氣之人，就失去了一切。不論我們出身多麼低微，所處環境多麼惡劣，如何被朋友們遺棄或是被世人所遺忘，只要我們一息尚存，就要守住自己的勇氣，抬起自己的頭顱，靠著自己的雙手，以征服一切的意志去實現心中所想。剩下的一切就順其自然了。外物是不能讓人消沉的，只有自身才是自我成功或失敗的主宰者。

　　科爾頓[107]說，在沮喪的時刻，即便是莎士比亞也會覺得自己是否配得上詩人的稱號，拉斐爾也疑惑為什麼世人稱他為畫家。但即使如此，莎翁依然寫作，拉斐爾[108]依然繪畫。他們覺得自己肩上的使命深重，絕不能在成就偉業的路途上，因一些難以避免的挫折而放棄。惠普勒說：「所謂天才，就是不斷地戰勝單調沉悶，拒絕向疲憊投降，即使希望之光渺小，也要不斷追尋。」

107　科爾頓（Colton, 1780-1832），英國教士，作家。
108　拉斐爾（Raphael, 1483-1520），義大利文藝復興時期傑出的畫家。

　　哥倫布在那段史詩般的航行中，每天堅持著寫日記。日記上面都是這些簡單而堅定的字眼：「今天，我們向西航行，這是我們正確的方向。」希望可能時浮時沉，當羅盤出現詭異的變化時，船員們驚恐萬分。但哥倫布毫不畏懼，繼續沿著西邊方向揚起風帆。

　　向西航行，如果這是正確方向的話，日夜兼程吧！讓時間、勇敢的心成為你的航向圖與羅盤吧，引領你搏擊海洋，繼續前進吧！向西航行，不管萬里無雲或是疾風驟雨，不管風霜雨雪，不管船身脆弱，不管船員們譁變的情緒，前進吧！在某個你不抱任何期望的日子裡，一束遠方的光照射過來，提示著你千辛萬苦找尋的大陸也許就在前方啦！

第十七章
謙恭、整潔與心靈陽光

在過往的歷史中，沒有哪個時代比現在更加凸顯良好舉止的重要性了。現在，一個人所取得成就或是進步，在很大程度上取決於個人良好修養所帶來的魅力。

一

　　有一個極富傳奇色彩的故事，講述一位名叫巴塞爾的修道士被教宗驅逐出了教會。不久，他就去世了。他的靈魂由一位天使負責在廣袤的以太空間裡找一個適合的地方安放。但是，巴塞爾具有溫和的性情與出眾的交談能力，他無論到哪裡都收穫不少朋友。一些受他精神感染的天使都向他學習，甚至許多善良的天使也過來與他一起居住。將他帶到黑暗的地獄裡，也難以改變他的這種歡樂的性情。他的這種發自內心的禮貌與心靈的善意讓人們難以抵擋，簡直將地獄變成了天堂。最後，這位天使將這位修道士帶走，稱找不到任何適合的地方去懲罰他。他仍然還是原來的巴塞爾。後來，加於他身上的禁令被廢除了，他被派往了天堂，冊封為聖徒。

　　瑪麗·利弗莫爾[109]女士說：「毋庸置疑的是，在我們這個社會上，對年輕男女而言，僅次於高尚的品格之外的通行證就是擁有良好的行為舉止。那些在與別人交往中總是顯得扭扭捏捏或是笨拙乃至不自然的人，自己難受，也讓別人很不爽。他們所表現出來的尷尬，於人於己都是讓人難受的。」其實，羞怯與舉止笨拙在很大程度上都是強烈的自我意識所致。若是他們能夠充分享受生活的樂趣，隨心所欲地做一些自己喜歡的事情，那麼，這是可以克服的。所謂自我意識，亦不過是一種自我中心的表現。這讓受此困擾的人覺得，無論自己走到哪裡，都是被別人關注的焦點，好像所有的眼睛一下子全盯在自己身上了，注視著他的每個舉動，隨時準備著批評他所講的每句話。不要總想著自己。這是讓人擺脫強烈的自我意識的一種「以毒攻毒」之法。真的，有時我們不能那麼自負，在腦海中想像一大堆根本不存在的幻想，好像別人都只是在留心自己的行為或是言語。過

109　瑪麗·利弗莫爾（Mary A. Livermore, 1820-1905），美國記者、婦女權益倡議者。

分敏感於自尊，就容易成為別人譏笑或是嘲笑的受害者。做回自己，善待自己，活得自然一些，這樣，你就會舉止自然啦。

利·蜜雪兒·霍奇斯說：「假設當年要是哥倫布像個鄉巴佬一樣大步跨到斐迪南國王與伊莎貝拉王后跟前，滿口俚語，舉止粗俗，就難以獲得他們倆的關注，更別提為他提供去探索新世界的金錢了！儘管哥倫布骨子裡是那麼地堅信新大陸的存在！若是拿破崙當年對士兵們粗言相向，毫無禮節可言的話，儘管他具有舉世無雙的軍事才華。那麼，在他滑鐵盧一役之後，迅速浮沉的人生命運轉變時，就不會還有那麼多追隨者了！假想一下，一個性格暴躁與毫無禮貌的華盛頓，是不會被人民委以拯救處於危難之中國家命運的使命，且不論他本身具有怎樣的才幹。史上但凡成就偉業之人，一般都是那些深刻意識到禮節重要價值的人。當然，也有極少數的人不遵循此原則，但那不足以推翻其正確性。

在過往的歷史中，沒有哪個時代比現在更加重視良好舉止的重要性了。現在，一個人所取得的成就或是進步，基本上取決於個人良好修養所帶來的魅力，反過來也讓他們顯得更具影響力。良好的舉止是我們很容易養成的，但卻是金錢所買不來的。在很多時候，待人有禮要比武力威脅更能收服人心。

愛德華·艾瑞特[110] 在歐洲學習五年之後，返回哈佛大學當起了教授。學生們對他佩服得五體投地，因為他的行為舉止好像有一種難以言喻的優雅之感，好像只有在一些世外文化中的女士才會存在。他之所以這麼受到學生們歡迎，緣於他所散發的讓每個人都能感受其中神奇的磁場，沒人能具體地描繪出來，但卻是真真實實存在的。

110　愛德華·艾瑞特（Edward Everett, 1794-1865），美國政治家、教育家。

　　紐約最大的一間銀行的總裁在談到銀行經營成功經驗時，將對顧客謙遜有禮放在了第一位。他說：「要是讓我在二十個不同的國家裡發表演說的話，我只願意談談禮節。這就是取得成功的阿拉丁神燈。我並不是在空談禮節的重要性，因為根據我自身過往五十六年在銀行體系內工作的經驗，我每天感受最為強烈的，就是謙遜有禮是在各行各業取得成功的首要因素。謙遜有禮也是一位篤信基督的紳士與識時務者的一個象徵。」

　　約翰‧沃納梅克[111]將自己的成功歸結於有節、有禮與公正地對待顧客。

　　家喻戶曉的派克‐蒂爾福德雜貨公司，也許在全世界範圍內都是分布最廣的。該公司最先是由派克在紐約一間不起眼的商店逐漸發展起來的。派克燦爛的笑容與對顧客細心的服務讓他備受青睞。他的生意規模在不斷地擴展，後來，與他一樣具有愉悅性情的蒂爾福德成為了他的合夥人。他們倆立下了一個規則，就是絕不留用那位對顧客表現出不耐煩或是生氣的職員。要求職員們無論是對待只消費一美元的顧客或是那些駕著馬車而來、身穿綾羅綢緞、出手闊綽的貴婦，都要一視同仁，否則一律開除。

　　當紮卡賴亞‧福克斯被問到如何累積如此龐大的財富時，這位利物浦著名的大商賈說：「我的朋友，若你只有一件商品，只要你為人彬彬有禮，尊重別人，也是不難賣出去的。」

　　巴黎最大一家企業，僱傭著數千名職員，所有的商品都在貨架上井然地擺放著。這麼巨型的一間企業是由阿里斯蒂德‧布西考（Aristide Boucicaut）與其妻子瑪格麗特創造的。這與他們多年謙遜有禮的待客之道分不開的。他們之前開的小店的位置就在今天巨大的波‧瑪律什雕像的位置。

111　約翰‧沃納梅克（John Wanamaker, 1838-1922），美國商人、宗教領袖。

他們對待顧客一如既往的熱情與有禮，逐漸為他們打開了生意的門路。在瑪律什這座雕像落成之前，他們已經開了很多連鎖店了。

羅伯特·沃特斯說，有一次，一位工人去布蘭科那裡應聘，但在那時職位已滿，沒有空缺。布蘭科對這位工人說：「但我知道有個地方，你可以找到工作。只需要到這條河對面的五金大街找那位詹森先生。告訴他是我叫你來的，他自然會給你一份工作的。」

但是，這位工人雙眼直瞪瞪看著地面，顯得很失望。猶豫了一下，他說：「布蘭科先生，我非常感謝你的善意。但是，我現在真的沒有能力搭車到那裡啊！」

布蘭科馬上明白了他的意思，將手伸進了胸口的袋子，拿出一張車票，遞給這位工人，說：「約翰，拿著。這張車票讓你在半個小時之內就可到達那裡。現在就去吧，我保證，你一定會得到一份工作的。」

約翰接過這張價格為七美分的車票，對布蘭科先生表示感謝，然後就走了。之後，他果然在詹森那裡獲得了一份穩定的工作。

五年之後，約翰到布蘭科這裡工作了一段時間。那時正值一場罷工運動，其他工廠的工人都出去遊行了，布蘭科手下的工人也準備仿效。此時，約翰站出來，懇求工人們留下來繼續工作，他談起了當年布蘭科先生在自己困難時的熱心與善意的這個故事，打動了在場的工人。他的這番話挽救了工廠。

布蘭科先生說：「約翰的一番話讓工人們繼續工作，讓我可以及時完成合約。要是他們當時出去罷工的話，我的事業就毀掉了。現在回想起來，我覺得當時那張價值七美分的車票是我事業上得以繼續前進的主要原因。」

　　無論是最粗野、最無知的人或是最有紳士風度與飽含哲理的人，他們都喜歡別人以彬彬有禮與謙恭的方式來對待自己，而對粗暴與低俗的行為感到反感。我們對待那些地位低微或是最無足輕重的人的方式，應能適用於所有人，只有這樣，才能免於傷害別人的感情或是讓人動怒。

　　「嘿，湯姆。過來給我點一根火柴。」一位西裝革履的富有商人對賣報年輕人說。年輕人躲在一幢辦公大樓下身體在發抖。這位商人嘴上叼著一根雪茄，但是他最後的一根火柴被風吹滅了。

　　這位年輕人停下了剛才一直在喊的「最後一版晚報」，然後抬起頭，對這位詢問者說：「先生，你這算是一種吩咐或是一個要求呢？」「我的孩子，這當然是一個很卑微的要求了。」這位商人察覺出這個賣報年輕人口中所隱藏的不滿，他笑著說：「我想買幾份晚報。」當他拿過來幾份晚報時，說：「多謝，這是二十五美分，零錢你留著吧。」雖然這位商人並沒有什麼不友善的行為，但是這個教訓還是要吸取的。因為，他沒能以一種謙恭的態度去面對這個年輕人。但是，真正有禮節的男女或是紳士都是一視同仁的。對他們而言，對人謙恭有禮，這是很基本的。這不應該因為別人的地位或是等級而有所區別。

　　格羅弗・克里夫蘭[112]女士的優雅舉止與謙恭更是增添了她的個人魅力，讓她成為白宮有史以來最受人歡迎的第一夫人。不論來訪者是達官貴人或是窮人，她都一視同仁。有人曾說了一個故事，從中，我們可以看到她的這種友善與謙遜。

　　在白宮舉行的一個公開宴會上，一位年老的女士穿過人群，想上前與第一夫人握手，不小心將自己的手帕掉在地下。她想彎下腰去撿，但是，

112　格羅弗・克里夫蘭（Grover Cleveland），美國第二十二任與第二十四任總統克利夫蘭的妻子。

後面的人群只想著與第一夫人握手，根本沒有注意到這位年老女士掙扎著要撿起手帕的努力。但這逃不過克利夫蘭的雙眼，她撿起了這塊手帕。由於手帕被許多人踩過了，所以，她將這塊手帕收起來，拿出了自己的手帕。這是一塊由細薄布與蕾絲製成的精緻手帕。克利夫蘭女士面帶微笑地對這位年老女士說：「如果您不介意的話，可以拿我的。」她說話的語氣彷彿是請別人幫忙，而不存在一種高高在上的感覺。

一個害羞、靦腆的小女孩很不自然地坐在一個大飯店廣場盡頭的凳子上，看著一群小孩子在另一旁盡興地玩著。她與旁邊的表妹好像很不習慣這個新環境，她們不太敢與陌生人接觸。一個只有十歲的女孩，一臉陽光之氣，她從歡樂的人群中走出來，走到這個小女孩前面，坐在她倆旁邊。她自我介紹了一下，然後問她倆是否願意與她和同伴們一起玩耍。她說：「我曾經與我媽媽在飯店待過，沒有人與我們說話。我記得那時候真是很無聊啊！所以，我總是樂意與那些陌生的小孩子說話的。」這種細心是多麼及時啊！這是人類之間同情心的一種展現。這也是對黃金法則的最佳堅持方式。

年紀小小的阿奇·麥凱相比於同齡人而言，並沒有什麼社交能力上的優勢，但是，他身上卻總是散發出一種氣質 —— 讓人覺得做一個農夫與國王無異。在聖誕節前夕，他與數百位孤兒一樣都站在格拉斯哥一座禮堂的外面，等待著進入。他們很早就在這裡等候了，很想見到那些美麗的聖誕樹，去分享聖誕的快樂。凜冽的寒風從街角呼呼地刮過，一些商店的櫥窗上覆蓋著一層薄薄的霜花。而一個小女孩看上去比別人更加寒冷，兩隻赤腳總是輪流地摩擦著，想帶給發抖的身體一點點能量。阿奇在觀察了一會兒之後，不顧自身的寒冷，走上前，以一種甚於謙和與威嚴的羅利的那

種騎士風度，將自己的外衣覆在了這個女孩的腳上。這個還沒接受過教育的蘇格蘭小孩將自己那頂破爛的帽子蓋在女孩的腳上。他說：「你可以站在上面啊！這樣比較暖和一點。」

有時，一個優雅的行為可以遮蓋所有的缺點。那些讓人為之著迷的人幾乎都是那些擁有優雅舉止的人，這並非一定是狹義的肢體美麗。希臘人認為，美，就是上帝對人類的鍾愛之處，認為真正值得讚美與傳揚的美，一定不能被我們一些惡毒的話語或是情感的外在流露所糟蹋。根據他們心目中的理想定義，美必然是內心那些具有魅力的特質 —— 諸如樂觀、仁慈、善良與愛心的表現。

愛默生說：「一種美麗的舉動，要勝於身形的美麗，這比雕像或是畫像更能帶給我們一種高級的享受。這是最為生動與高級的藝術形式。」我們甚至可以再進一步稱這種優雅的行為，在某種意義上讓我們更為美麗。因為一顆高尚的靈魂要展現出來，必然會透過肢體的一系列語言流露出來。當然，也有一些人天生就具有一種很罕見的優雅氣質，一種迷人的個性，這不是我們透過訓練就可以獲得的。但是，我們的天性卻讓每個人都有一種學習柔和、謙恭與友善的能力。這種能力基本上取決於我們在青年時所接受的鍛鍊。其實，這種鍛鍊是需要從孩童時代一直到青年時期，再到成年階段一直堅持的。這樣，我們的性情就會得到發展，讓自己更具一顆善心，擴大視野與對人生的整體觀感，否則，我們只能在無知懵懂中迷糊度日。

倘若年輕人在人生的初始階段就能意識到，良好的舉止、謙遜與友善待人 —— 無論是那些地位比我們高或是低的人 —— 相比起古典教育、名氣、財富或自我利益而言，這更有助於我們的成功。這樣，我們會更加留

心日常生活看上去不起眼的細節，我們就會抓住每個機會多向別人說幾句暖心的話，或是以一句激勵人心的話語，甚至是一個眼神或是憐憫的話語，都會讓那些奮鬥的人看到了曙光的升起。一句簡單的「謝謝」，就是對別人行為的一種慷慨的肯定。當我們不經意地給別人帶來打擾或是不便時，一句「對不起」，也是讓人消氣的。當與人交談時，要專心致志，讓自己投入其中，重視對方的話語，耐心地傾聽，不要中途打斷，要善解人意，尊老愛幼──這些很基本的行為就構成了我們稱為「良好的舉止」的內容。無論是對待窮人、無知之人、老人或是殘弱之人，我們都要做到「良好的舉止」。

友善與謙恭的行為應從小就以言傳身教的方式來教育孩子。若是每個家庭都能做到以禮相待、相互友愛，若是孩子們從小就接受要尊敬父母與老人、照顧別人的情感與感受這樣教育的話，他們心中就會覺得，無論在任何環境下，粗魯或是無禮都是違背社會與道德法則的。「愛別人」與「己所不欲，勿施於人」，這是適用於倫理道德的黃金法則，這會讓我們擁有更為完美的行為準則。

儘管我們的氣質有時是先天所致，但是在某一意義上也可以透過觀察或是與富有教養的人一起交往來提升自己。但是，真正的文明與優雅的舉止是心靈的語言，這是「無所花費，卻收買一切」的。所有人都能享受到這種「特權」。這「無所花費，卻收買一切」──家庭的歡樂、生活的和諧以及工作的成功。

二

　　作為成功人士，得體與適宜的穿著和優雅的行為舉止有著莫大的關係。

　　「美德與能力都不能讓你看上去像一個紳士，假如你毫不講究服裝或是邋裡邋遢的。」南方聯盟軍的李將軍在告誡一位衣裝不整的年輕士兵時這樣說道。李將軍的這份告誡同樣適用於今天這種工作節奏、人事流動、資訊交流以及商業方法都快速轉變的時代。現在的雇主很少有時間去認認真真地檢查那些應聘者的真正素養，通常情況下都是僅憑外表做出相應的判斷。在相等的條件下，一位衣著整潔與乾淨的男士或女士 —— 而並非是身穿昂貴或是炫耀性的服裝 —— 相較於那些身穿寒酸或是不整衣服的人而言，肯定更具優勢。這是毋庸置疑的。

　　注重細節的重要性 —— 在這些細節上做到最好才是衣裝得體的男女的表現 —— 這種重要性可從一位年輕女士沒能獲得理想工作的例子中得到闡述。一位慷慨富有的年輕 V 女士創辦了一間工業學校，專門讓年輕女生接受良好的英文教育與自我獨立的能力。她需要一位身兼監管與教師的職員。所以，當學校的一位董事以極高的讚語推薦一位年輕女士，稱這位女士聰明、飽含學識與舉止謙遜，完全適合這個位置的時候，V 女士認為自己真是太幸運了。V 女士馬上邀請這位年輕女士過來面試。很明顯，這位女士的確符合該職務的全部要求，但是 V 女士卻有點看似「不講理」地不給她試用的機會。過了一段時間後，一位朋友問起，她為什麼莫名其妙地拒絕聘用這位如此適合的老師時，V 女士回答說：「這其實是在一個很小的細節上，這就有點像古埃及的象形文字一樣，透露出許多的內涵。那位年輕女士過來見我的時候，穿得既時髦又昂貴，但卻戴著一雙破爛的手

套，而鞋子上的一半扣子都掉了。一位穿著如此散漫與不整的女士不適合作為年輕女生的榜樣。」也許，這位年輕的應聘者永遠也不知道自己得不到這份工作的真正原因，因為，她在各方面上都是極其符合這個職位的，只不過是在穿著上一些「無關緊要」的細節不加注意而已。

李達·邱吉爾女士曾在《獨立報》（*The Independent*）上講過一個故事。「大街上一位以擦皮鞋為生的年輕人與其他的同行一樣，穿著有點『衣衫襤褸』的感覺，但他的腳上卻穿著一雙好的鞋子。某天，他突發奇想，要擦亮自己的鞋子作為一種宣傳的手段。當他把鞋子擦得閃閃發光的時候，他突然發現自己穿著破爛的衣服，這是他以前一直沒有注意到的。但身上穿的破衣服與那雙閃亮的鞋子根本毫不搭配。於是，他下定決心，如果自己的這種宣傳方式要想取得什麼成效的話，那麼，他的衣服也必須變得乾淨、整潔起來。當晚回家後，他懇求母親幫忙剪去了衣服上鬆散的褶角，而縫上了一個閉口。第二天早上，當他穿著一身乾淨與整潔的衣服，腳上穿著一雙閃亮的鞋子，走到自己以往的攤位時，一種全新的自尊感湧上了他的心頭。但是，他又感覺到，自己的外套過於寒酸，顯得很不適合，還有那頂破爛的帽子與整身的衣裝都極不協調。他平時省吃儉用，不斷地工作，終於存到足夠的錢去買一套全新的衣服，提升自己的形象。這套新衣服點燃了這位年輕人心中的熱情與夢想。他一定要繼續維持這身裝扮，感覺自己這種低微的工作與之不配。於是，他決心要找一份與之匹配的工作。他將這個想法告知了自己的熟客 —— 一位富有的商人。商人有感於這個年輕人的上進精神，給了他一份送信的差事。幾年後，當年那位衣衫襤褸的擦鞋年輕人已經成為一間大公司的經理。他將自己的成功歸結於「要對得住那雙閃亮的鞋子」的決心。正是那種渴望「閃亮」的勇氣讓他不斷前進。

　　事實上，衣服本身並不能真正意義上地改變一個人，但它們卻要比我們想像中產生更大的影響。普蘭提斯·莫爾福德曾說過，衣著是人類的精神不斷得到昇華的重要途徑。自然主義者與哲學家布封（Buffon）也證實了衣著本身對我們思想的影響作用。他說，只有當自己身穿西裝時，才能靜下心來思考一些崇高的問題。他就是靠這身著裝去從事學習的，甚至還不忘佩上一把劍！

三

　　哈里每到晚上就不願待在家裡。他的母親對此深感憂慮，她向另一位母親尋求建議，因為這位母親曾說「自己的孩子在夜幕降臨之後就幾乎不外出了」。

　　「你是怎麼做到的？」這位焦慮的母親問道。

　　「嗯。我認識的每個人都是受制於自身的天性。與自己的哥哥、丈夫、兒子或是女兒的交流過程，讓我深信一點，那就是人們會不自覺地嚮往美感與和諧的感覺。這也是馴服兒子最為實用的武器了。當湯姆開始喜歡晚上外出時，我總會輕聲地責備他。他回答說：『一個年輕人不想總是窩在家裡，或是無聊地坐在狹小與老舊的房間裡。』我很認真地揣摩了湯姆的回答。過了不久，我卸下了他房間裡的壁爐遮板，裝上一個火爐，生起一堆火。因為不想給湯姆一種我是在賄賂他的感覺。我還在他的房間裡鋪下了一張美麗的地毯，在牆上掛上了幾幅美麗的圖畫。一天，湯姆對我說：『天啊！我一定要讓我的同伴看看我這個美麗的房間。』我說：『好的。』當他的夥伴來了，我用美麗的盤子端上一些蛋糕與咖啡來款待他們。我將

他的房間打掃得乾乾淨淨，顯得光明與純淨。湯姆開始覺得家裡要比外面所有的地方都更加美好，只想待在家裡。我覺得，你只須收拾一下哈里的房間，讓房間在他看來充滿美感，感到自豪，讓他在房間裡隨心所欲。那麼，我向你保證，他就會乖乖地待在家裡，而不會到處亂跑。」

三個月之後，哈里的母親告訴她的朋友說：「你的計畫真是太神了。現在，有時我都要偶爾催促哈里外出一下，以改變一下環境。」

一個美麗與充滿美感的家，讓哈里與湯姆乖乖地待在家裡。

教會年輕人去欣賞眼中的美感，讓他們的行為散發出這種感覺。這樣，他們的生活就會顯得更加積極與健康。

朗費羅曾給了一位年輕朋友這樣一項建議：「可以的話，多看一些大自然的美景或是大師們的傑作。聆聽一些美妙的音樂，或是每天堅持朗讀一首優秀的詩歌。你總能至少找到半個小時以上的自由時間。這樣堅持一年的話，你的心靈就會累積起一大串珍寶，甚至讓你自己都感到不可思議。」另一位睿智之人在此基礎上，增加道：「每天讓自己的心靈納入上帝美好的話語，聆聽一些充滿希望與歡樂的美妙歌曲。讓雙眼注視一些充滿神性的美麗願景。這樣，你的靈魂將成為陽光與歡樂的源泉，樂觀的心境將成為人生的主樂調。」

《實用教育》的作者曾將歡樂比喻為生活的「萬能鑰匙」。他說：「在一些高大的建築物中，所有的鎖都是在一種系統之中，一把適合的鑰匙將能解開這些鎖。這把鑰匙就叫『萬能鑰匙』。對於那些手握著這把鑰匙的人，沒有門是打不開的，可以來去自如地穿梭每間房間。他能見到與享受的一切，這是那些手中沒有此鑰匙的人不敢想像的。這把鑰匙可讓老師們敞開學生們緊閉的心扉，看到他們許多富有價值的思想。這把『萬能鑰

匙』就是陽光的性情。這種性情讓更多的心房為之敞開，無論老幼。小孩子們都願意徜徉在溫煦的陽光之中，因為這帶給他們自信。」

適用於教師的道理，同樣適用於與人交往上。

「你感到快樂嗎？」一位女士這樣問一名城鎮的傳教士。「我不知道啊。」教士爽朗地笑著回答，「在過去許多年裡，我一直都忙於給予別人幫助，讓他們的心靈充滿陽光。我還沒時間想過自己是否快不快樂呢？」但是，他的臉上充滿了陽光。對於他快樂與否的回答已經一清二楚了。

某人說：「真正的快樂有一種獨一無二的特點 —— 自身得到越多，施與也就更多。」此君也可以這樣說：「你給予的越多，獲得也越多。」魯斯·阿什莫爾在對女孩們所做的一篇演講中談到：「有一種才能，讓你可將周圍的環境變得更加可親；讓人們都想與你交往，不捨得離開你；讓膽怯者充滿勇氣，讓怨恨之語消散，讓一場和風細雨般的對話徐徐展開。我想，這種能力是由信念、希望與仁慈組成的，而愛則一以貫之，忍耐之心則鞏固其穩定性。當你擁有這種能力時，你的生活將不僅充滿陽光而且你也將不再是一個無家可歸的女孩了。無論到哪裡，你都可以組建一個屬於自己的溫暖之家。」

我們都知道，一些與眾不同的人具有一種將平淡之水轉變為美酒的能力。有些人則將所有的東西變成一瓶酸醋，有些人則變成了蜜糖。在一些人心中，似乎有一種強大的心靈機制，讓他們可以將陰沉的色彩變成壯麗的景色。他們的出現本身就是一種激勵，讓人的精神為之一振，感覺肩上的負擔減輕了。當他們一回到家，就像北極在漫長沉寂的冬夜之後升起了一道曙光。他們似能讓自己總是處於一種和諧的狀態之中。他們的微笑就像有魔法一般，驅散著別人所有的煩憂與絕望之心。他們似將一種成熟的

力量提升到更高的層次。他們讓我們打結的舌頭滔滔不絕，好像如有神助。他們的確是別人健康的推動者。

我們越來越意識到心靈平和的重要性了，也明曉了「物以類聚」這句話的真實性與意義。陽光的心靈與充滿笑容的臉龐的人，自然會吸引陽光心靈的人。人類的心就好像植物與花朵，總是本能地朝向陽光。每個人都想擁有屬於自己的歡樂。但若是出於一種責任或是強制，這只能讓人感到很壓抑。

陽光的心靈要比任何事物更能改變自身的境遇與心理狀況。所以，放飛心靈吧。

第十八章
全面與完整的教育

一個心智沒有得到全面發展的人實際上並非一個正常人。若一個人沒有接受廣泛與自由的教育，就很難真正將自身的潛能發掘出來。

因此，我呼籲讓人們接受一個全面與完整的教育，讓他們無論是在私底下或是公開場合，在和平年代或是戰爭時期，都能遊刃有餘地發揮自己的才華。

一個心智沒有得到全面發展的人實際上並非一個正常人。若一個人沒有接受廣泛與自由的教育，就很難真正將自身的潛能發掘出來。文森特主教曾說過，要是自己的兒子日後選擇做一位鐵匠的話，他仍會讓兒子去上大學。

我以為，關於接受教育能讓我們賺多少錢的問題，不應該成為左右我們是否選擇上大學的因素。這只是一個個人自我發展的問題而已，正如一顆橡果可以選擇成為一棵矮小的樹木或是長成參天大樹。在金錢利益的驅使下，許多年輕人都早早地遠離了學校，在自己壓根沒有接受什麼教育的情況下，就進入商店或是辦公室裡工作，這種做法嚴重地阻礙了他們發揮自身的才智。許多富有或是有名望的人，都願意放棄自己一半的財富，要是他們能夠回到童年，直到接受大學教育為止。紐約的一位百萬富翁告訴我，他願意將自己一半的財富用於換取一個中等水準的教育程度。他說在很小的時候就被迫參加工作了，沒有機會去上學。缺乏知識這種傷痛，永遠地伴隨著他的人生。

接受教育是否真的值得？讓一朵花蕾逐漸成長，散發芬芳，綻放美麗，讓這個世界充滿美感，這樣一個艱辛的培育過程是否值得呢？正如我們讓青年學生接受自由的教育是否值得一樣。但是，當生命中存在一個更大的可能性時，萎縮的生命之花就是一種極大的浪費。我們每個人面對的最大的問題，就是如何讓自己的生命成為一種榮耀，而不是一種無奈的存在 —— 這就是一個如何讓負累充滿神性的工作。

某個大城市的成功律師在談到自己的孩子時說道：「每天晚上，我躺在床上，生怕自己逝去之後，只能給自己的女兒留下一個銀行帳簿。」這位律師意識到，在這個世界上還有一些東西要比財富本身更為重要，要是

自己死後只剩下財富，什麼都沒留下的話，這些金錢將遲早會消散。自己的女兒可能會過上快樂的生活，但是她本人沒有獲得足夠的知識去應付人生帶來的挑戰。他覺得，心靈一定要擺脫無知的桎梏，讓他的兒女們要有成為世界公民的意識。

要是我們只是單純地將接受某份工作視為賺錢的一條門路，而沒有看到工作本身對我們性格的發展，以及讓我們獲得豐富的人生體驗，使自身不斷成熟的能力的話，那麼這種認知是極為膚淺與低等的。要是我們只是站在純粹的商業角度上，接受大學教育的這種觀念可能就一文不值。

查爾斯·杜德勒·華爾納 [113] 說：「成功之人，基本上都是那些能抓住機遇、充分發揮自身潛能的人。我們每個人都有責任將自身的才華推向極致，在我們的能力範圍內做到最好。我相信每個風華正盛的年輕人都應該接受大學教育，這樣才能更好地實現人生理想。相比起沒有接受教育，當他完成大學教育時，將能夠更好地在這個社會上立足，更好地發揮自身才華。我覺得，真正敢說自己已將潛能發揮得淋漓盡致的人，是鳳毛麟角的。但我們時常可以見到一些『天才』在日復一日地悲傷著。光有天賦還不夠，只有接受更好的教育，將自身才華最大化的人才是最終的勝者。」

在康乃爾大學的大門上豎立著校長安德魯·懷特的名言：

今汝入校，定要學有所成，才學淵博；今汝離校，應為國家棟梁，造福人類。

在大學裡，學生們是自己的主人，而不是像在補習班那樣，身不由己。在大學裡，學生們開始規劃自己的人生目標，為了未來的理想而奮鬥。對於一個青年人來說，這是邁入成熟的一道門檻。

113　查爾斯·杜德勒·華爾納 (Charles Dudley Warner, 1829-1900)，美國隨筆作家、小說家。

　　他可能在與同學們的交流中不斷地學習，透過不斷的思維交換而自我提升。大學生活是多姿多彩的，其實就是大千世界的一個縮影。大學裡有各個班級，選舉職員，與其他班級的關係，文學圈子還有大學聯誼會，宿舍的生活，辯論聯盟。體育競技與比賽，以及工作與娛樂之間的轉化，這讓每個進入大學校園的學生都能獲得知識，發展自己的個性。他會遇到全新的老師與同學，也為日後牢固的友誼打下了扎實的基礎。

　　在學校或是大學裡與同學們一起接受教育，這要比自己獨自一人拿著同樣的教科書與上相同的課程，效果更為明顯，不論此人多麼具有恆心。但凡試過這樣學習方式的人都會知道，有時一人默默學習的那種感覺是多麼讓人感到沮喪。當然，自學也是可以實現的，但這要比在教學裡大家一起交流時困難得多。大學的氛圍賜給我們不斷向前的動力，使我們在競爭中不斷成長。

　　對於一個勤奮認真的學生而言，課堂上的唇槍舌戰，教授與學生們智慧上的交流，以及教學相長的方式，都是讓人的心智「大開眼界」的。

　　查爾斯·特溫[114]校長說：「大學教育其實代表著一種能量的投資。每個學生將自身的精力投入進去，然後又能獲得相應的回報。因為，教育本身就是不斷地創造與增加人的能量的過程。當然，教育讓我們提升了現代社會所亟須的兩樣東西——一是思想的能力；二是意志的能力。知識的力量就好比穀倉的容量，能夠收集或是容納許多農田豐收的穀物。思想的能力就好比一盤石磨，將穀物碾成麵粉，為人享用。思想的能力其實就是觀察、預見、理智、判斷與推理等能力。這些能力都是大學理應教會學生的。語言給人一種辨別能力，科學則給人一種觀察能力，分析學則帶來了

114　查爾斯·特溫 (Charles F. Thwing, 1853-1937)，美國牧師、教育家。

綜合法，數學就是分析與綜合的兩種能力的交匯 —— 讓思想的各個分子不斷地離散與聚合。歷史學給人一種全面之感，哲學帶給人的則是自我飽滿與自我發現的能力。在某個意義上，這些分類並不準確。但是在四年大學生涯裡，這些學習會讓我們成為思想者。當他剛踏入大學時，所知道的知識寥寥無幾，想的東西也很荒蕪。當他四年之後，離開大學時，雖然他的知識仍然有限，但卻獲得了一種思考的能力。而這種思考的能力正是我們每個人都極為需要的。我們可以問問美國最大型的企業的總經理們，看看他們最想獲得什麼或是想學到什麼，你就會發現，他們所想要的，並不是從那些前來應聘的求職者身上學到的。他們的回答基本上都是一種會思考的能力。他們之前已經對於人事的掌控與管理到了遊刃有餘的地步。在大學期間，他們在與學生們的交流中，特別是透過自己的興趣或是為各種社團所做的工作 —— 諸如體育、社交、學術類等活動 —— 這些都讓他們成為了管理者與執行者。我的一位朋友現在是猶他州煤礦的經理，年薪二萬美元，他最近跟我說：「在哈佛大學的四年中，老師們給了我許多幫助，但是足球隊使我受益更多。」對他來說，獎學金是一回事，執行能力則顯得更為重要。能以清晰、宏大與真實的角度去思考的能力以及迅速與堅決的執行能力，還有自身所接受的知識教育，這些才是個人將精力投資大學教育所能收穫的最高形式。

法蘭西斯·帕頓校長說：「相比任何家庭教育或商業經驗，大學教育為人們日後的生活實現更為宏大的理想鋪好了道路，這點是毋庸置疑的。這給人們帶來更寬廣的視野，看到事物內部複雜的一些連繫 —— 明白萬物都處於無限的連繫之中，誰也別想超脫於此。」

　　「這個世界任何活得轟轟烈烈或造福於民的人，都會讓自己所處的那個時代烙下自己深深的印記。」塞斯·洛 [115] 說，「如果我們能免於從過去找尋理想的這個錯誤的話，那麼，我們同樣不能犯下低估過去所具有的歷史意義。美國人民在閱讀關於制定憲法的歷史時，就會發現，當時就是否建立一個民主國家是眾說紛紜的。從中，我們也可以窺視到，貌似隱藏在歲月塵埃中飽含的深刻教訓是多麼深刻，而我們的建國功勳們則是多麼的睿智啊！他們毅然決然地選擇了民主。他們這一群人，並非以一個個體存在，能將過往的智慧與對當今時代潮流的準確判斷融合起來，實現了兩者完美的結合。我以為，一位接受過大學教育的人必然會對歷史有所了解，對歷史的教訓懷有某種敬畏感，這在某種意義上也算是另一種自我訓練的方式。大學教育應讓學生在歷史經驗上，獲得一種審視現實的視角。大學教育應透過他們不斷鍛鍊與自律來強化心智，擴大自己的視野，讓自己盡可能地多了解一點知識。」

　　世界上最優秀的文學作品、最傑出的思想以及人類的最高尚的行為，這些多是推動著人類全方位不斷發展的重要動機。大學也應讓學生們獲得這種動機，那將是一筆無價之寶。

　　「大學的一個顯著特點，就是培養那些上大學的人發展一種思考的能力。」耶魯大學校長德懷特說，「大學在接納這些學生時，就當他們的心智正處於一個逐步邁向成熟的階段，一個從少年向成年人演進的過程，在度過了之前一段懵懂的歲月之後，他開始將自己視為一個具有自我思想的人。就這個角度而言，大學四年會讓學生突飛猛進。心靈自律的可能性是很具彈性的。要真能實現這些目標，那真是太棒了。年輕人就是要成為具

115　塞斯·洛 (Seth Low, 1850-1916)，美國教育家、政治家。

有思想的人。隨著年齡的增加，應成為思想逐步開放的人，智慧將更能一展身手。無論在什麼地方，他們都能輕易地將自身的能力自在地發揮出來。心智構建應是大學所要考慮的。大學的一個目標就是讓這些年輕人在結束大學生涯時，心智已然成熟，這不是說他們再也不需要改變或是發展了。而是在日後的歲月裡，為了更好地學習而打下扎實的基礎。所謂大學教育，就是不斷構建學生思想的過程。」

對年輕人而言，要想在大學的教育中得到良好的鍛鍊，就必須有強烈的求知欲，有一種熱忱，讓自己不斷擺脫無知的車輪所軋下的狹窄痕跡，而與在文學、藝術等領域偉大的心靈展開對話，了解自然的真理，感受科學觸摸神性的能量，讓心靈放飛於廣袤的宇宙之中，讓永遠年輕的源泉滿足這顆飢渴的心。

撇開其他一些功利的原因不談，大學教育讓我們的人生獲得歡樂與幸福。但凡上過大學的人，都難以忘懷大學莘莘學子的美好歲月。大學四年的時光是人生中其他的某個四年所不能比擬的。那時，學生們在自己的雄心壯志與高遠的理想，還沒被現實的失望所擊碎或是湮沒，對人性的美好還沒被虛偽的誓言所戳穿時，彼此之間的交往是那麼有趣與開懷，大有指點江山的氣概。這段光陰是人生中綻放的時間，此時，想像力處於人生的最高峰，希望燃著熊熊烈火，美好的未來似乎已經裝點得五顏六色。也許，大學帶給我們最大的樂趣，在於感覺自己一種不斷去觸摸未知世界的能力在逐漸增強時的那種滿足感。大學時期的同窗友誼足以彌補所有金錢上的花費。除此之外，我們還能學到如何處理人與事的關係，克服眼前的障礙，成為生活的勝者，按照規律，讓大自然為我們服務。那麼，誰能低估大學教育的價值呢？

　　我們在談到大學教育時，將其視為一種資金、時間與能量的投資。一位明智的老師曾這樣說：「學生們自己做出這種投資，他們也能從中獲得收益。但是，大學畢業時的那個自己，已經和四年前的他不一樣了。他的這個自我變得更為高尚、宏大，讓自己的心智、意志以及良心都處於和諧的狀態。在成就前，再接再厲；在困難時，堅忍不拔；在勝利時，居安思危。他會時刻想著如何最大地發揮自身的潛能，更加堅定了對推廣公正與真理的事業的追求。對每個人而言，這就是大學所代表的一種真實的自我性。很多時候，大學培養出的畢業生，往往人格低劣，成為社會敗類。但對於多數人而言，大學有點像一位『母親』，不僅賦予了我們生命，更讓生命充滿了意義，給予我們不斷的滋養，讓我們去追求永恆。無論美國大學的教育制度如何變化，大學始終都應該是一所培養人如何生活得更加充實與飽滿的機構。大學讓我們的生活更為豐富，深化我們對真理的視角，讓我們的目標更為高尚，讓我們更加堅持正確的抉擇，洗滌遮蔽理想的迷霧，讓愛美的心盡情放逐。」

　　人從一個自我到另一個自我的轉變過程，可由拉斯金的闡述得以說明。他說：「教育並不意味著讓他們知道之前不知道的東西，而是要他們以一種全新的方式去待人處世。」飽受教育的心靈在「一條隨著時間流逝而不斷拓寬與深化的隧道裡自由地移動著。當他增加了一些知識時，在一定程度上，他就不是之前的那個他了。他就可不斷地完善自我，這樣也增加了自己享受幸福的能力。」

　　阿薩·帕卡教授說：「只限於知識本身的教育是十分貧瘠與缺乏營養的。我們真正所需要的，並不是一些乾巴巴的事實或是資料，而是勇氣、誠實、力量、強烈的幽默感以及正義感。這個時代更為重要的，是建立起

學生的品格，將他們心靈中一些扭曲的片段或是殘餘掃蕩乾淨，讓其篤信一點，那就是正確為人是極為高尚的，而錯誤做人則是極為卑劣的。這個世界上最閃耀的成功，並非是石磨的發明、鐵軌的鋪就或是煤礦的挖掘，也不是財富的累積，而是成熟男女們全面而整體的思想。（語出查爾斯·金斯利）這就要求我們要打造完美的人格。

埃布拉姆·休伊特[116]說：「如果讓我在金錢堆與大學時光的樂趣以及接受教育之後所帶來的智趣兩者之間作出選擇，我會毫不猶豫地選擇後者。擁有了教育，你可以賺錢，但是有了錢，卻買不來教育。」

「自由教育真是無價之寶啊！」麥克金利校長在舊金山市的一篇演講中這樣感嘆道，「這種教育本身就是寶貴的賜予，不受歲月風霜的侵襲，隨著不斷地利用，其價值逐漸增加。只有真正接受過這種教育的人，才能真正地加以運用。他本人就可彰顯其中的價值與其所帶來的獎賞。我們只有透過自身不斷的努力才能獲得這種教育，只有在不斷地堅忍與自我克制下才能真正領悟其中的精髓。但是，這種教育就好像我們呼吸的空氣一樣，輕鬆自如。這種教育是不分種族、國籍以及性別的，而是對所有人都敞開大門的。從最廣泛的意義來說，它具有包容性，而不是排外性。每個真正有志於大學且勇於為此奮鬥的人，都有機會去觸摸這種教育理想。在追求知識的道路上，富人與窮人都是平等的，是一對友好的對手。他們都必須為此做出一定的犧牲，這是必需的。通往這種教育的道路不能充斥名利與地位的誘惑，而是需要努力與認真地學習。當我們與美德、道德以及高尚的目標做伴時，不論對於男女，自由教育將是他們所能獲得的最大恩賜與獎賞。

116　埃布拉姆·休伊特（Abram S. Hewitt, 1822-1903），美國教育家、鋼鐵製造商。

第十九章
知識 —— 現實的力量

無論怎樣,如果可能的話,都要去接受大學教育。事實
證明,如果一個人能以更為恰當的方式去實現自身的潛
質,他會感到更為快樂、更為圓滿。

　　飽受教育的人能做許多沒有接受教育的人所做不了的事情。教育能讓我們變得舉止優雅，心理素養更加強韌、才華得到更大的發掘。有時，人們的確會有這樣的感想，即教育與我們的智慧是息息相關的。

　　放眼於全球，這都是適用的。英國的工業化成就在全世界都是獨占鰲頭的，這種優勢基本上取決於他們在培養年輕人時所採用的科學與實用的方法，讓他們為未來履行人生的職責打下基礎。

　　當德國在製造商品出口，準備要與英國一決高下時，他們的做法就是重整低級別的學校，在教育領域中投入更多的金錢，以更為先進的管理理想去執行，讓國民都能獲得良好的教育。日後的歷史走向，證明了德國人這種方法是正確的。

　　適用於一個國家的道理，同樣適用於個人。一位作家曾這樣建議那些只能靠手工勞動來維持生活的人：「教育能夠拓寬我們的視野，讓人們能更加清楚地意識到自己當前所處的環境，讓我們學會自我獨立與堅忍不拔的決心，不斷地尋求自我完善。更為重要的是，教育讓我們找尋一條最為明智的方法去實現這些目標。」

　　教育真的能讓我們在生活中取得成功嗎？已過世的前教授帕卡德是一所著名商校的創辦者。他曾這樣說：「一般而言，自我不斷完善的人都是那些成功之人。至少，在商界內是如此。受教育的人總是站在潮流的前面。他們總能獲得最大的一份獎賞，這不僅限於政治或是專業領域，且在辦公室或財務室裡，也是如此。在一些大型銀行、保險公司、運輸交通業與製造工廠裡，他們占據上層位置的比例超出人們的想像。才華與知識在每個工業部門都是亟須的。飽經磨練的心智、成熟的雙手必將能找到自己施展的舞臺，獲得最高的報酬。

　　《賺錢者》雜誌曾有過這樣一段話：「當年那些認為知識已經沒用的人，卻發現今時今日在工程製造方面的各個部門享受著優渥薪水的人，都是飽受教育的。一家企業招聘技術人員與高級工程師，仍然還有許多職缺有待填補。這種情況可謂是屢見不鮮。一個真正有才幹的人是不會找不到工作的。這種情況將會持續下去，幾乎很少有應聘者會失望而歸。這對那些想要獨當一面的年輕人來說，是一種正面的信號。因為這個時代對品質的要求在不斷地增長。所以，當今時代不僅為上進與聰明的年輕人、富有創意以及設計天賦的人提供了廣闊的舞臺，更為重要的是，這個舞臺在不斷地擴展，前景一片光明。」

　　對那些智力平平、不甚聰明或是缺乏刻苦精神的人們，《賺錢者》的編輯認為他們並不能享受到這個逐漸延伸的舞臺。其實，生活的召喚總是讓每個人都能或多或少地受益。至於我們的賺錢能力，只要我們能養成不斷學習的習慣與掌握身處高位所需要的知識時，這就不成問題了。

　　在紐約，一家年淨利潤為一萬五千至二萬美元的企業，可謂收益不錯。但是，這家企業的一個合夥人，他擁有著常人所不具備的眼光，認為要是自己能夠掌握一些相關的技術知識的話，那麼，企業的規模將會更為龐大。他讓其他合夥人負責公司的業務，他毅然去德國上大學。在接下來的四年大學裡，他每天都要把十六個小時投入到勤奮的學習當中，因為他的眼前只有一個目標。數年之後，他當初的宏偉目標實現了。他成為了這個領域中的權威，現在企業的收益是當時的十倍以上。

　　教育的首要目標就是帶來一種能力 —— 一種更好地處理人事的能力，在生活中讓自己更能做到高效率。真正的教育讓人增強抓住、掌握以及利用事物本質的能力 —— 特別是利用的能力。解決實際問題的實做能

力，解開困擾人的問題，這些都是對我們能力的一種考驗。其實，你知道多少書本上的內容，你的腦海中裝載著多少理論知識，這些都不那麼重要。如果你不能隨時運用自身的知識，然後集中力量去解決一些問題，那麼，你就是一個紙上談兵之人，也很難取得成功。我們必須要讓自己掌握的知識實用化，這樣才可能在生活中找尋成功的道路上有所斬獲。

米諾特·薩維奇[117]說：「一個接受全面教育的人，在感知能力與分析能力上不斷獲得磨練──讓他的各方面能力都有所提升。讓這樣一個人身處逆境，他也能看到自己所處的位置，清楚在這個環境下，自己需要做些什麼，決心戰勝困難，而不是成為其犧牲品。無論一個人在哪裡，只要給他一點時間，他就能控制自己，然後對環境有所掌握。這樣的人就是一個飽受教育的人。一個受制於環境與條件的人，沒有實用的能力去自我掌控，即便他懂得很多，他仍稱不上一個受過教育的人。不實用的知識，這並非教育的本義。實用的知識，認真地生活，對自身能力有清晰的認知，將自身的潛能充分發掘出來，這些才構成了真正的教育。」

這個時代要比以往所有的年代，更加亟須具有實做知識、具有常識以及實踐精神的人。常識是一個時代的智慧所在。在一個追求速度與講求實效的年代裡，人們往往會拋棄那些所謂的理論或是理論家。現在，我們到處都能聽到對實做之人的呼喚，而不需要那些總是將事情複雜化或是哲學化的人。這個世紀帶給每個人的一個問題，就是「你能夠做什麼」，而不是「你是誰」與「你在哪裡上大學」──而是「你有什麼實做知識呢」。

知識並不等同於智慧，旺盛的能量也不能取代常識。知識必須轉化成一種能力。科爾頓說：「我們寧願不經學習獲得智慧，也不要空有一肚子詩書，而沒有智慧。」

117　米諾特·薩維奇（Minot J. Savage, 1841-1918），美國唯一神論牧師、作家。

　　最近一段時間，關於在大學教育應在何種程度上將知識本身轉化為能力的討論方興未艾。而更為功利的年輕人則會這樣發問：「上大學是否真的值得呢？」

　　要回答這個問題，我們首先要做一個調查。我們人口中 92% 的人都是可以透過手工勞動來養活自己的，只有 8% 的人進入了商界或是其他的專業領域。如果你是屬於那 92% 的人，如果你有能力接受初級教育，那麼，你有很多途徑去接受更多教育，但他們卻幾乎都不願意去接受大學教育。但若你是屬於那 8% 的範疇，你就會認為上大學是值得的，可以獲得很高級的技術培訓。在當代，許多大學都與一些技術學校有很多相似之處。

　　許多人在沒有接受高等教育的情況下，仍能賺大錢。在他們這些人眼中，上完了中小學，也就夠了。他們還認為，當年輕人去上大學或是進入一些預備學校學習的年齡，正是他們在商界的實戰中獲得能力與經驗的時候。

　　讓這群只會賺錢的人叫囂吧！他們金錢上的成功，絕非是最高級的成功形式。

　　對於那些想讓自身潛能得到最大發揮的人，對於那些希冀著成功喜悅的人，他們擁有著一個富有價值的人生理想，他們想透過教育來讓自己實現宏大的理想，讓社會與國家為此受益。對他們而言，相比起大學所能帶給他們的東西，學費本身並不顯得昂貴。

　　本傑明·德斯萊利說：「生活中最為成功的人，都是那些掌握最優質資訊的人。」

　　格萊斯頓那飽經鍛鍊、邏輯訓練以及深厚的理性，與一位從未接受教育的水泥搬運工人所具備的，懂得如何正確地將水泥與磚頭攪拌技巧的理

性能力相比，真是形成巨大的反差。兩者的差異之處，其實也可追溯到最先的源頭 ── 就是是否接受教育的問題。

當我談到這個國家那飽受教育洗禮的為人類服務的 8% 的人群時，我覺得，他們是一群菁英。在一般人都隨大流，融入那92%的手工勞動時，他們卻決定走一條不同的道路。我這樣說，絕不是對那 92% 的人群有什麼不敬，這只是對事實的簡單陳述而已。我們可以很清楚地看到，那 8% 的人們，可以透過在一些高智商的活動、商業或是專業活動來養活自己。要是沒有接受過大學教育或是高等教育薰陶的話，他們是不可能從事這些活動的。他們自身的天賦與與生俱來的領導能力，讓他們與那些想透過大學來獲得優勢的人一起，組成了那 8% 的團體。

美國教育專員威廉·哈里斯是這方面的權威人士，曾發表過一份報告，他在談到成功的機率時說：「在一個高度文明的社會裡，最為重要與關鍵的職位，都落入那些接受過良好教育的人手中。在這個方面，受教育與沒有接受教育的比例高達 250 ： 1。這份報告是基於對這個國家裡許多著名人士名單以及名人傳記中的分析結果。我記得，好像特溫校長是第一位公布這些資料的人。這些資料包括之前在很長一段時間內，一些人口的比較資料。

我也曾看到另一份統計資料，這份資料是基於美國上大學的青年人的比例以及這些大學畢業生日後所擔任重要職位的比較。這些資料顯示了，超過 2/3 的職位也許都被少於 2% 的人所占據。而這些 2% 的人，基本上全部是接受過高等教育的人。

西部有一位很富有的人這樣說過：「我在夏天努力賺錢，在冬天就到學校裡學習。在我十五歲之後，我在學校只上過一個冬季的課程，但是我

總是不斷地學習書本與社會的知識。如果當初我接受了大學教育，現在我已經進入國會了。那麼，我也可以比現在更加成功了。」

一位具有影響力的律師說：「在過去二十年裡，每天我都想著要接受更多的教育。透過不斷堅持地學習，在早年學校學習的基礎上，我又學到了許多新知識。但在接受知識這方面，我是永遠不會滿足的。」

有人曾睿智地說，一位大學畢業生的心理能力就好像蒸汽或電力的能量，這並不僅僅限於驅動某一種引擎，而是適用於任何機械的運作。沒有接受過教育的人，讓人不禁想起尼加瓜拉大瀑布洶湧的水流都浪費了，即便不是如此，所利用的也不及一半；或是一輛馬車在泥濘道路上掙扎著前行，而要是在康莊大道上，它們卻可以搬運數噸重的東西。

銀行家哈威‧費斯科在其《觀點》（Le Point）雜誌上發表了一篇〈關於大學教育對商人的價值〉。在文中，他這樣談道：

「我深信一點，即無論我們日後從事什麼工作，都需要為此打下一個深厚、廣闊與扎實的基礎。如果一個男孩日後不想只是做低下的職員或是默默無聞的商人，那麼，在他父母能夠支援的情況下，都應該接受最好的基礎教育。」

一個年輕人在事業的早期階段，很難感受到不上大學所帶來的損失。假設他在十七歲就進入辦公室或是商店工作，而他的朋友則在此時上了大學。那麼，在四年後，當他二十一歲時，就會覺得自己在商業能力上要比自己的朋友具有多方面的優勢。但是五到十年之後，那位曾經接受大學教育的人工作起來，就會顯得更為輕鬆，更為自信，基本上與他的那位沒上大學的朋友相差無幾了。大學教育將強化我們的全方位能力。如果能正確利用大學所帶給我們的資源，這將是一輩子無價的財富。

　　某位高產作家這樣說過：「所謂大學課程，我想應被尊稱為一種『教育』──這只是接受教育的開端，一種基礎。大學教育應該具有一個普遍的善意，應讓學生在離開大學之後，透過自身的努力，來不斷實現自己的理想。因此，大學教育不能讓學生囫圇吞棗地學習書本的知識，大學教育所授予的，也不過是科學與藝術等方面一些基本的知識。大學的定位不應該是讓一個人一勞永逸，而是要讓學生們懂得如何更為有效地學習。一張大學文憑並不能證明你多麼有才華──這只能證明了你通過了大學所規定你要學習的課程而已。」

　　大學首先要教給學生一種自我訓練的方法與鍛鍊他們的心智。這才是對大學成功與否的一個衡量標準。大學要讓學生學會思考。在其他條件都等同的情況下，相比起沒有接受過心智鍛鍊的人而言，大學畢業生從商後更能取得成功。

　　安傑爾校長說：「如果生活的唯一目標就是獲取財富的話，那麼，很多年輕人在沒有接受高等教育的情況下，無疑都已經實現了人生本應賦予的使命了。但是，如果有人去問這些年輕人，他們該如何讓自己不斷地完善或是怎樣才能對社會更為有益這些問題；或者社會拋給我們這樣的問題：什麼樣的人才是對人類的進步最有幫助的。我想，諸如對上面的這幾個問題的答案的認知，不僅不會讓我們大學或者教育機構裡的學生人數銳減，反而會讓接受教育的人占總人口的比例不斷上升，甚至會超出我們的想像。」

　　我對每個年輕人的建議是，無論怎樣，如果可能的話，都要去接受大學教育。事實證明，如果一個人能以更為恰當的方式去實現自身的潛質，他會感到更為快樂、更為圓滿，成為一個對社會有用的人。

　　另外，要是站在一個實用的角度來看，大學教育也存在不少的缺陷與弊端。大學的教學方法似乎並不能培養學生的實際能力，也不一定讓學生養成成功所需要的良好思維習慣。在很多時候，諸如理論性、猜想性的能力以及權衡利弊甚至是沉思、思前顧後的能力過度地發展了；而一種將事情迅速辦好的執行能力，果敢決斷與勇於實踐的能力，則常常是大學生所缺乏的。

　　大學的培養沒有讓學生養成迅速與及時行動的能力，學生們總是慣於權衡利弊，思慮再三，最後還是難下定斷。但是，當他開始日常的工作生活時，就會發現許多事情都需要即時的決定以及迅速的行動。沒有時間讓他拖到下週或是下月，因為所有的事情都必須在當天解決。因此，這就是許多大學生所存在的不足，他們要在一段相當長的時間裡，方能獲得一些很實用的知識。

　　為了迎合當今時代的需要，美國的許多大學都紛紛做出相應的調整。當今社會的激烈競爭驅使他們不得不這樣做。現在，工業以及商界的許多優秀人才都是出自於大學。相對而言，越來越多的大學畢業生選擇進入商界，而不願意從事專業領域的研究。就耶魯大學而言，相比於往年，現在進入商界的畢業生增長了二十五個百分點。大約 1/3 的畢業生成為了商人或者是商界領袖。而成為學者或是從事專業研究，則不再是一個典型大學畢業生的選擇了。現在，他們的選擇也趨向更為功利化。

　　頭腦冷靜、有實做力的年輕人在大學教育中，時常能如虎添翼，在日後的人生裡，為社會的進步發揮更大的影響。塞斯·洛（Seth Low）說：「在許多接受過大學教育的人心中，會有這樣一種很本能的思維傾向，即源於書本的知識是人們所必不可少的。但是，人類的經驗告訴我們，許多書本

之外的知識，也同樣是極為重要的。出於本能的常識、未受過多少教育而取得成功的人所具有的實用智慧，這些都是我們要想不斷取得成功所必需的知識。」

同樣的道理同樣適用於商界。飽受鍛鍊的心智與常識兩者結合在一起，將產生巨大的價值。約翰·洛克（John Locke）認為，一個「常識沒有開化的人」，倘能接受全面的教育，不僅能成為最為全面與有效的公民，也將成為工業或是商界的領袖。

大企業之所以聘用大學生，一般來說，因為在其他條件相同的基礎上，大學生最終能夠成為更好的經理或是領袖，儘管大學生常常給人留下實用才能不足的印象。大企業的總經理們知道，如果一個大學生能充分利用大學教育的機會，即便這可能會暫時扼制他的實用性能力的發揮。但大學教育給了他一直良好的分析能力以及對事情狀況迅速的掌握能力。大學畢業生最大的缺點在於他們喜歡滿口理論，將文憑的價值看得過重。但是，當一些未來的美夢逐漸破滅之後，他卻可以及時地加以調整。當他一旦掌握了一門行業的所有細節，就會實現跨越式的發展。在大學階段，他已經學會了如何思考，如何調動自身的心理能量。當他們一旦學會了如何應對企業發展的不同階段，以及如何運用自身的才能時，他將變得更為強大。這是沒有接受教育的他所不敢想像的。

特溫校長說：「接受教育其實是在為我們日後的事業節省時間。我們似乎是要先往回走幾步，然後才完成一個大步跨越。大學教育帶給我們一種活力、朝氣、快速執行的能力以及有效辦事的能力。一個年輕人花上四年時間接受大學教育，這有助他更早地進入自己所喜歡的行業，也許能持續得更久。我偶爾知道在一座大城市裡一家最大規模的零售企業 —— 當

然，具體的名字我不能說 —— 最近，他們所有的合夥人都訂下一些有效期五十年的協議。在這些協定中，有一條協議要求每個合夥人的兒子，都必須在該企業接受五年時間的學徒鍛鍊。但是，若是接受了大學教育，學徒的時間就可縮減為三年。這個例子可能是從人類有史以來最為成功的商人 —— 猶太人那裡所學到的。儘管猶太民族有很多與眾不同之處，但他們本質上也沒什麼大的區別。他們的成功部分可以歸結為對教育的極端重視。克利夫蘭一位從事五金生意的商人常常這樣說，當一個大學畢業生在工作兩週之後，他所具有的價值就與那些只有高中水準卻工作了四年的人等值了。之後，他的價值將呈等比式地增加。這位來自克利夫蘭商人的話，在我看來過於偏激了。但我敢說，種種事實都在證明一點，接受大學教育是對時間的最好投資。」

「在許多大學裡，大約 1/3 的畢業生都選擇進入商界。而這些畢業生在大學投資的一種回報，至少從他們進入商界之後，表現為一種金錢上的回報。有很多例子都充分表明，大學畢業生在投資大學教育上的收穫是極為豐厚的。畢業生可能需從最底層開始工作，獲得最低微的薪水。但他卻可以很快地從底層爬升。他所處的位置越高，進步就會越大。就在昨晚，一位傑出的製造商對我說：『我願意花上一萬美元的年薪去聘請一個人到我辦公室工作。』他接著搖搖頭說，『但是，我找不到這樣的人。』而有能力去賺取年薪一萬美元甚至五萬美元的人，基本上都是過往十年或是三十年來往屆的大學畢業生。賓州鐵路公司正招聘許多大學生到各個部門工作。這些人在未來五十年裡所獲得金錢上的報酬，將集中代表著年輕人投資教育所能獲得的巨大價值。」

舒爾曼校長說：「毋庸置疑的一點是，當今社會在各行各業都對大學

生呈現出居高不下的需求。就拿工程製造業來說吧，十五年前，學生們要用一些『花言巧語』來哄騙這些機械生產製造商給他們試用的機會。正所謂『一人呼，萬人應』。到了西元 1900 年，這屆這個專業的畢業生，幾乎每個人都接受到二至三份邀請。一家著名的電力公司曾將一個班的所有畢業生都請過去工作了。因此，許多公共學校現在都亟須大學畢業的老師，而這種需求將隨著供應而不斷增大。」

所有這些社會變化以及趨勢都越來越清晰地表明，我們的文明正趨向於更為複雜與更有組織的形式發展。「見好就收」的工作方法與沒有技術的員工都即將被淘汰。隨著美國的製造業、商界與歐洲大陸的競爭全方位地展開，我們每天越趨明白一點：即高級技能與才能，最大化地利用資源，這樣才能取得競爭的勝利。在這個時代，去做世界要求我們所做的工作，需要我們接受科學方法所培養下的準確度、心智的眼光以及特殊的培訓，這些都是人們只能從大學教育裡得到的。

耶魯大學校長亞瑟・哈德利（Arthur Hadley）說：「現在，各行各業對大學生的需求正在不斷地增加 —— 這種漲幅我們現在也難以滿足。這在近幾年商業活動不斷擴張的情況下顯得更加明顯。當我們比較一下繁榮時代與蕭條時代的時候，就可以發現投入資本的價值要比現在的產出更大。一個大學生大約為了接受教育投入二千到一萬美元的金錢。這一投資的價值，同樣遵循汽船或熔爐所具有的價值。當對某一行業需求特別巨大時，他們就能從中獲益最多。當市場需求慘澹，他們也只能勉強過活。這樣的話，很多人就覺得沒有必要去上大學，除非能夠從中獲得一些特別的才能鍛鍊。我認為，商界與政界對大學畢業生的需求不斷增加，這也將有助於提升公共服務與公共生活的標準。我個人認為，這應被視為政治進步的一個結果，而不是其原因。我們現在面臨的許多管理上的新問題，都需要許

多訓練有素且具有廣闊視野的人才能解決。這必然會對下一代的公職人員的教育程度有很大的要求。」

前校長詹姆斯‧康菲爾德說：「在商界打拚十年之後，大學畢業生必將輕易地超過那些沒有接受過系統教育的商人。但是，他們在工作之餘還會有一些業餘愛好。他們在取得成功之後，只想讓工作成為生活的一部分，而不是為了生活而苦苦地工作。」

在我所認識的許多成功的商人中，不少人告訴我，他們偏向於聘用接受過大學教育的員工。因為，這些員工更能集中精力去完成某一件事情，他們一般都具有較為高尚的人格、遠大的目標，這是許多沒有上過大學的員工所不具備的。所以，這些接受過大學教育的員工更為忠誠，也更容易獲得成功。最為明顯的是，西部的鐵路公司聘用大學畢業生的規模是史無前例的。

一所現代化、裝備齊全、與時俱進的大學，應該緊跟時代的脈搏，讓莘莘學子從中獲得最充足的知識養分，為他們日後的人生發展打下扎實、牢固的基礎並獲得全面的發展。

特溫校長在一篇論文中，呼籲人們對以下方面給予足夠的重視 —— 大學生透過自身的努力、不斷學習，在時間與精力上都投入巨大。但是他們從大學裡收穫的要遠比投入的多得多。他們從與老師或是同學的切磋與砥礪中學到了許多東西，這要比他獨自一人學習更有收益。因此，他們成為了一群高級知識分子中的一員。正是這些人在數個世紀以來不斷地推動著歷史的車輪，而在史冊上也閃耀著他們光輝的名字。

偉人之所以能夠到達那樣的高度，與他們早年所接受的教育是分不開的。教育不僅讓他們勝在起跑點上，更讓他們比別人前進得更快，有能力

擔當更為重要的職位。

　　雪城大學校長戴爾在談到一個人如何定位好自己，找準自己的位置時，這樣說道：「你對自身能力的評價以及思考的全面性或是真實性，這些都決定你自己的運行軌跡。一個膨脹的球體不可能繞著土星的軌跡運行。兩者之間的直徑取決於兩顆恆星的密度以及質量。人們常常喜歡談論財富、朋友以及許多成功的偶然因素，這種對成功的看法是不全面的。那些真正具有能力以及才華的人始終會發光的。星星總會找到屬於自身的軌道，這種軌道是固定的且被某種無法更改的法則牢牢掌控。但是，我們首先要做那顆『星星』，然後自然就會找到屬於自己的軌道了。這取決於我們與其他『星星』以及處於永恆運動空間的關係。」

　　星星為進入軌道所做的準備或是軌道為迎接星星所做的準備，這兩者與我們在世上最優秀的學府所接受的最高級的心智鍛鍊密不可分。一個人在大學裡面所學到的語言、歷史知識或是一些科學知識的細節，可能隨著時間的流逝而忘懷，但是，大學賦予我們充盈與美麗的人生以及無限的能量將永伴我們一生。

第二十章　道德的勇氣

平常生活中的英雄主義。勇氣所表現出的各種形式在平常
的生活中都有所彰顯。

「我原本以為你會因為恐懼而不敢走這麼遠的路程呢。」納爾遜的一位親戚發現他已經離家很遠了。「恐懼？」這位日後的海軍將領說，「我都不知道恐懼為何物。」

約翰·彭德爾頓·肯尼迪（John Pendleton Kennedy）曾擔任美國海軍部長。在他十五歲那年，西元 1812 年的戰爭就已經箭在弦上，一觸即發了。當時，肯尼迪已經下定決心，一旦與英國開戰的話，他就馬上加入軍隊。但是，心中的一個念頭總是困擾著他，他總是很害怕在黑暗中行走，因為從小就被一些鬼怪故事嚇壞了。為了克服自己這種恐懼，他時常半夜一個人到家附近的廣袤森林裡遊走，直到第二天早上。他一直這樣鍛鍊自己，直到半夜兩點在漆黑一片的樹林中感到遊刃有餘，好像是在父親的花園中悠閒地吃著早餐一樣。儘管在一開始的時候，他始終被一些心魔所縈繞，但他一直堅持下去，直到所有那些恐怖畫面全部消失為止。當戰爭打響時，他義無反顧地投入戰爭。

沃爾斯利爵士說：「要想真切地掌握勇氣，我們就必須對懦弱的每個階段都加以研究，這些階段是極為有限的，我們必須根除心中的一些微妙的心理疾病。」

在他打的第一場仗中，他臨陣退縮，所有的士兵都逃走了。據說，腓特烈大帝（Frederick the Great）這位號稱史上最英勇的鬥士，在他人生的第一場戰役中也是拔腿就跑。

也許，給勇氣下一個準確的定義是很困難的。沃爾斯利爵士在寫作時將之稱為「心靈的連鎖反應以及接近身體完美健康的一種狀態」。他接著說：「人的這種美德，遵循著在馬與狗等動物所具有的自然法則。牠們受到越好的馴養，天性就會得到更充分的發揮。而對於深受教養的人而言，還有一種具有更高價值的因素在發揮作用。那就是，人可能有勇敢的父親

或是祖上有許許多多的勇敢的先輩，即使殘酷的命運讓他們的血液裡流淌著羞怯的因素，他們還是會奮起維護人們所常說的『家族的榮耀』。」

《聖路易斯環球民主報》（*St. Louis Globe-Democrat*）曾講到這樣一個故事。十七歲李德登上了「得梅因」號汽船，前往唐奈爾森堡，將她受傷的母親帶回來。

在汽船出發五分鐘之後，信使就說該船要與其他幾艘船一道前往密西西比河，運載一些士兵來增援在密蘇里州格拉斯哥這一地區的瑪雷根上校。

該船在晚上十點半的時候到達了格拉斯哥。士兵們紛紛下船，只讓一個士兵負責守衛該船。在下船登陸時，士兵們受到了同盟軍的猛烈攻擊，被迫退回到岸邊。許多士兵陣亡，還有大量士兵嚴重受傷。

這次襲擊讓船上許多婦女們嚇個半死，還有幾個人昏厥過去了。但是，李德卻英勇地跳下船，處於殺戮的現場之中。

她用右臂扶著一位受傷的士兵，將他抬到甲板上。儘管子彈在耳邊呼呼地咆哮，船上的人都說，你這女人傻了是吧！但只見她來回往返沙灘與船上二十二回，每次都將一名受傷的士兵送回。在船再次航行之後，李德幫助醫生救治傷患，她還讓船上那些被恐懼嚇壞了的婦女們撕開一些布，用來做止血的繃帶。那晚，她徹夜未眠，照顧著傷患。

船上的供應不足了，每個人的分量也減少了。年輕的李德自己也吃不飽，但她仍然將唯一的一頓飯與別人分享。

翌日早上，撤退到下游兩哩的船，重返前一晚的戰鬥現場，又帶回了其餘的死者與傷者。然後，二十六位步兵整齊地站在岸邊，軍官們站在船頭上。維特利上校向這位英勇的女性贈送了一匹白馬，而士兵們則齊聲歡呼，表示對這位女性的感謝。

　　弗雷門德上尉講過一個關於海軍上尉吉利斯的故事：在美西戰爭期間，當吉利斯看到一枚魚雷正朝著「波特」號襲來時，那個傢伙真是一身是膽啊！我必須時刻盯著他，但當時他那個真叫快啊！魚雷的速度很慢，但如果魚雷撞到我們的艦艇，我們也只能命沉大海深處了。他迅速地脫掉鞋子與外套，準備跳下去。我說：「吉利斯，你傻了？你會沒命的！」「長官，我將轉開其彈頭。」他說著的時候，只見他雙臂抱著魚雷，使勁將魚雷推離我們的方向，然後他覺得已經成功了。魚雷的旋塞被轉開了，然後從吉利斯的手臂中沉入海底。這是三年前的事情了，當時他還是一位海軍學員。

　　一位住在加州的蘇格蘭人，名叫麥克雷格，他也算是一位最好爭辯與最為冷靜的人之一了。某天早上，當他走在回家的路上時，他被一個人用槍指著，大聲地說：「把手舉起來。」

　　「為什麼呢？」麥克雷格冷靜地回答。

　　「舉起手來！」

　　「但我為什麼要舉起手來呢？」

　　「快，把手舉起來。」這位攔路賊堅持著，用槍指著麥克雷格，「快點照做。」

　　「這要看情況了。」麥克雷格說，「如果你能告訴我為什麼要舉起手來的原因，我自然會舉起手來。但你只是讓我舉起手，卻不給我一個合理的解釋，這樣我很難接受的。你我素未相識，你憑什麼大清早在大街上叫我舉起手來呢？」

　　「快。如果你不乖乖聽話的話，就把你的頭給爆了。」劫匪有點不耐煩了。

「啥？大哥，你沒事吧。你還這麼小，就喊打打殺殺了？」麥克格雷以迅雷不及掩耳之勢抓住劫匪手中的槍，瞬間將他反手，拿過他手中的槍。

「年輕人，你跟我鬥，你還嫩著呢！哥吃過的鹽比你吃過的米還多呢！順便跟你說一下，你要我舉起手來，只需要走到我前面，用槍指著我，我自然就會舉了。下次記得哦。」

就這樣，麥克雷格將此人押送到派出所，交給員警隊長道格拉斯。

「讓他穿穿緊身衣也不算是一個壞主意。」麥克雷格平靜地對隊長說，「我其實覺得他不是很壞，只是有點傻。」

於是，麥克雷格繼續自己歸家的路。

根據特利所說的故事，史蒂文·道格拉斯在當選為伊利諾州最高法院的法官時，年僅二十八歲。當時，摩門教主約瑟夫·史密斯（Joseph Smith）正在受審。當證據不足以將他判刑時，據說一群暴徒沖進了法庭，抓住了史密斯，想要勒死他。在法院外面的院子裡，暴徒們匆忙地搭建好一座絞刑架。當暴徒們沖進法庭，一窩蜂朝著史密斯方向奔去時，道格拉斯法官大聲喊道：「法警，迅速清場，法院暫時休會。先生們，你們必須要遵守秩序，否則就要趕你們走了。」法警是一位身材弱小的人，顯得十分軟弱。而暴徒們對他的話毫不理會，仍然朝著史密斯方向奔去。「法官大人，他們不聽話啊！我也拿他們沒辦法啊。」法警如此「坦白」的軟弱，更是讓幾個暴徒頭目有恃無恐，迅速跳到被告席，抓住了史密斯。但是，他們都被道格拉斯臨時委任的一位身材魁梧的肯塔基人制止了。道格拉斯對他說：「現在我任命你為法庭上的法警，你可以挑選自己的多位副手。儘快清場，這是法律所允許的。作為本庭的法官，我有權力要求你這樣

做，維護法院的安靜氣氛。」這位臨時受命的法警執行了法官的命令。他迅速找來了六個人做他的副手，他趕走了三個頭目，而副手們則讓其他暴徒從窗戶逃竄而去。幾分鐘之後，法庭就恢復了原先的平靜。正是道格拉斯的果斷與大膽猜測阻止了一場謀殺案，讓嫌疑人能夠得到公正的審判。其實，道格拉斯的做法僭越了法律規定的權力範圍。因為當時原先的法警也在場，法官是沒有權力去任命其他人取代的。當然，他也很清楚這一點。但在當時的緊急情況下，稍微一耽擱，史密斯就沒命了。他勇於承擔責任，果斷地應對了危機。

君士坦丁堡的賽勒斯·哈姆林（Cyrus Hamlin），以其性格之剛勇而著稱。某天，他看到一個土耳其人在凶殘地用鞭子抽打著一個十歲的男孩。「不要殺我。」男孩哀求道。哈姆林二話沒說，當即用手杖給了這位土耳其人當頭一棒，讓他蹣跚了幾步。四、五個土耳其人見狀，想上前將哈姆林逮住 —— 一位異教徒竟敢如此。哈姆林說：「我毫不畏懼地直面他們說：我會將你們每個人打得落花流水。我將前去克羅克。你們看到這個人抽打著這個小男孩，知道這已經違反了法律，竟然不敢吭一聲。」這幾個人聽了之後，羞愧地散去了。一天，哈姆林看到一個酗酒的希臘人在大街上殘暴地打著妻子，此人的身材比哈姆林還要健碩。哈姆林說：「我二話沒說，立馬將他打翻在地，在他意識到發生什麼事之前把他揍了一頓，此人被打得在地上直喊『阿門，阿門』。當我揍累了，就握著拳頭對他說：『下次，讓我看到你還打人的話，我就把你交給警察叔叔。」

這是最近發生的一件事情。一群學生在上學的路上，一個十六歲的少年在欺負一個大約十二歲的小男孩。

突然，這位被惹惱的小男孩將一個蘋果核扔向那個大個子，大個子當然不服氣了，他狠狠地揍了小男孩，說：「我要讓你知道，你絕對不能向

我投擲蘋果核，你，快把這個蘋果核吃掉。」

　　這個小男孩躺在地上，發出陣陣疼痛的聲音。他也是有心殺賊啊，但是眼前這個人比自己又大又壯，他的同學也沒人敢上去幫忙。

　　半躺在一處路燈下的一個人，按其服裝來看，絕對是標準的街頭孤兒。他可謂衣衫襤褸，蓬亂的頭髮，他與這群營養充足、穿著得體的學生可謂河水不犯井水。他們的生活方式是兩個不同的世界。他的手中還拿著許多沒售出的報紙，唉，也只能是乾等顧客了。突然間，他把手中未賣的報紙丟在雪地上，箭步沖上前，沿著大街一直跑，他那藍色的眼睛似乎著火了，瘦弱的雙手緊握著。頃刻間，剛才那個大個子就被他拽住了領口，狠狠地摔在了地上。兩人的身形差不多。

　　「渾蛋，你想打架，有種就找一個比你大的。你這懦夫。有種就找我！有種的話，就去再碰碰那個小孩。」

　　大個子掙扎著站起來，恐嚇地說：「如果我要打他，誰敢攔我？」

　　「我！」孤兒說。筆直地挺立著，標準得就像西點軍校的學員。他挽起破爛的袖口，漫不經心地搖了一下頭，說：「我就站在這裡，看你敢不敢去碰一下他。如果你手癢了，就找一個比你大的人開戰。我告訴你，讓我跟你較量一下。」

　　「哼。」這個大個子只能這樣，始終不敢與這位「個子與自己一般大」的人較量。

　　「你就是一個懦夫。懦夫！」孤兒說，「你沒膽跟自己一樣大的人打架。」

　　是的，大個子沒有。他口中叨念著，揚言著，最後悻悻地走了，他的同學向他報以譏笑聲。

這個孤兒繼續回到原先的位置，也許壓根沒有察覺，自己為那位弱小男孩挺身而出的行為中，展現了一種極為難得的英雄主義的氣質。

我們有時會談到日常生活中的英雄主義。勇氣所表現出的各種形式，在平常的生活中都有所彰顯。當出現火災、逃難或是被瘋狗追趕時，當一些職員或是路人不顧自身的安危去拯救別人時，這無一不在展現著勇氣。勇氣彰顯於與貧窮或是疾病做鬥爭的父母身上，彰顯於他們為了教育孩子所做的不懈努力，只為他們日後能夠在人生道路上有一個更好的起點。他們的這種勇氣堪比那些為國出生入死的英雄們。

世間沒有比道德上的勇氣更為耀眼了。我們要讓勇氣具有道德的基礎，這樣才可能會結出賦予道德的結果。

沃爾斯利爵士說：「在談到勇氣時，我們就不能繞過我的朋友與好同志 —— 查爾斯·戈登（Charles George Gordon）不談。他具有一種本能的、篤信上帝與未來人生的勇氣。」正是這種勇氣，讓哈姆林挺身而出，讓那位孤兒扯進與自身毫無關係的事情。「這個世界所需要的勇氣，很大部分並不是這種純粹的英雄主義。勇氣應在日常的生活中得到展現，就像那些在歷史留下輝煌一筆的英雄舉動一樣。日常的勇氣，就要求我們有誠實的勇氣，勇於說出真理，勇於做回自己，而不是讓自己成為別人，勇於在自己能力範圍內生活，而不是依靠別人而過活。」

一個不敢真正正視自己的人，不敢將命運握在自己手中的人，只是隨著潮流而晃蕩，沒有勇氣去堅持自己的主見。這些人就沒有勇氣去追尋自身命運的軌跡。所有這些只有我們自己最清楚。若是這都沒有勇氣去擔當，人就難以真正獲得真正的自尊，更別談成功了。

盧梭要是擁有一種道德上的勇氣，就可讓自己免於自我折磨的摧殘

了！那位可憐的戈爾德·史密斯 —— 一個才華洋溢同時又懷有一個敏感脆弱的心靈的人，要是能夠有勇氣將虛榮心或是對奢華的追求放棄，那麼，他的人生將大為改觀！道德的勇氣將讓波普（Alexander Pope）擺脫瑣碎的愚昧。其實，我們只需意識到什麼是真實與正確的，然後抵禦一切讓我們遠離這條道路的誘惑，我們將發現自己不會在泥潭或是流沙中掙扎不休。

當別人都屈膝奉承、低頭彎腰時，年輕的男女仍然挺起脊梁，這是需要勇氣的；當朋友們都穿起綾羅綢緞時，你仍然堅持穿著簡樸的布衣，這是需要勇氣的；當別人不正當地發財時，你寧願誠實地貧窮著，這是需要勇氣的；當別人都人云亦云地說著「是」時，你的一句「不」，是需要勇氣的；當別人罔顧一些神聖原則而名利雙收時，你仍然默默地堅守著崗位，這是需要勇氣的。

當世人對我們譏笑、嘲諷、挖苦、誤解之時，我們仍然孑然地屹立著不倒，這是需要勇氣的；當別人大肆揮霍著金錢時，而你仍然謹守著節儉的原則，這是需要勇氣的；那些不敢與手中握著真理的少數站在一起的人，其實就是大眾的奴隸。當大眾的行為有損我們的健康或是道德時，站起來堅決拒絕，這是需要勇氣的。

擁護一項不受歡迎的事業要比在戰場上衝鋒陷陣需要更多的勇氣。當別人因拘泥於小節而扼殺個性時，保持真實的自我是需要勇氣的。請記住，世間所有事情都懼怕一顆勇敢的心，自然會為勇者讓路。

「在這個地球上，人類若還有什麼是值得我們讚美與愛戴的話，就只有一個勇敢的人 —— 一個勇於直面魔鬼的人，並且告訴他，他就是魔鬼。」詹姆斯·加菲爾德說。

當格萊斯頓還是一個少年時，他就展現出自身的道德勇氣。他不願意逢場作戲，陪別人喝酒，於是將酒杯倒過來放。若是某人想有所成就或是在某個時代烙下一個印記的話，他就應該勇於承擔。一件發生在格萊斯頓日後人生的故事，更是充分地展現了他對自認為正確之事的無畏堅持——正是這一特質讓他成為那個時代的巨人。

身為首相的格萊斯頓將一份法案呈交給維多利亞女王，要求女王陛下簽名。但是，女王卻決意不簽。格萊斯頓就與她爭論起來，試著讓她覺得簽名是她的職責所在。但是，女王仍然不妥協。最後，格萊斯頓以一種威嚴而有謙遜的方式，腔調中帶著一種堅定的語氣說：

「女王陛下，你必須簽名！」

女王陛下立即被他惹怒了，大聲說道：「格萊斯頓先生，你知道自己以這種口氣跟誰說話嗎？我是英國的女王啊！」

「是的，女王陛下。但我是英國的公民，你必須簽名。」

女王最終被迫簽名了。而時間也證明了格萊斯頓據理力爭的必須與合理。

珍妮·林德（Johanna Maria Lind）在斯德哥爾摩曾被要求在週末到王宮裡舉行的一些舞會上演唱。但是，她拒絕了。當國王親自出馬想讓她去助興時，她說：「陛下，還有一個比你更高級的國王呢。我首先要對他保持忠誠。」戈登將軍超凡的魅力讓所有人都能感受得到。只要他出現，人們就能感受其態度。他是一位始終忠於自己最高信念的人。在法屬蘇丹時，他總是將一塊白色的手帕掛在帳篷外面。所有人都知道，他在祈禱著。在這些最神聖的時刻裡，他與上帝在一起，不想讓內心受到干擾。

人類最高尚的行為，莫過於堅持心中的正確觀念，遵循上帝以及有益的法則，不管世人贊同與否。

一位顱相學者觀察威靈頓公爵的頭部時說：「你沒有被一股動物的勇氣所控制。」

「是的。」威靈頓說，「當我第一次作戰時，我本可以臨陣退縮，但是我堅守了自己的責任。」

詹姆森女士說：「責任要比愛更重要。正是這種永久的法則，讓弱者成為強者。沒有這種責任，所有的力量就會像流水一般，毫無定式。」

伯克說：「我所做的，並不是律師告訴我該怎麼做。而是人性、平等與正義支配著我的行為與準則。」 正是這種偉大的生命法則 —— 一種對上帝以及人性的責任感。正是這種責任感讓威靈頓公爵勇敢地捍衛著英國民族的生存 —— 正是這種道德的責任造就了我們這個時代道德生活最絢麗的一章。

「你難道不知道自己的生命處於危險之中嗎？」瑪麗‧利弗莫爾對一位年輕漂亮的仁慈女人說。她似乎對自身的安全置之度外，絲毫沒有動搖自己幫助大城市那些飽受疾病困擾的受害者。

「是的。」這個女人回答說，輕輕抬起她那雙棕色的眼睛，注視著提問者，「我也知道這是很危險的。我寧願堅守自己的責任而死去，也不願袖手旁觀地活著。」

第二十一章
愛 —— 人生真正的榮光

> 正是愛，讓人類創造了最偉大的事情，將人類提升到最高的境界，讓我們擺脫了茹毛飲血的低等生活。

「本世紀英國工人階級的進步歷史，基本上取決於一個人的歷史 ——
他就是沙夫茨伯里。」索爾茲伯里（Salisbury）說。格萊斯頓也曾這樣地稱
讚過這位偉大的改革家：「英國之所以長治久安，並非由於我們制定了完
備的法律或是有一群優秀的立法者，而是有許許多多像沙夫茨伯里這樣具
有博愛精神的紳士。」

沙夫茨伯里[118]雖然出身在顯貴的家庭，但他從早年開始就維護窮人與
那些被壓迫的人。他拒絕了金錢所帶來的種種誘惑，放棄了安逸與舒適的
生活。無論走到哪裡，他都緊跟著自己的理想；不論前方的道路多麼崎
嶇，或是遇到多大的阻滯，他仍然一往無前。提高窮苦工人的社會地位，
這是他畢生為之奮鬥的一個重要事業。為此，他將大半個世紀的時間都投
入於此。而他如何做到的，這仍是一個歷史之謎。

一些破爛的學校、夜校或是普通的學校、破舊不堪的房屋、臨時的帳
篷、俱樂部、閱讀室、咖啡廳都被裝飾一新，好像變了魔法一般。而之前
髒、亂、差的地方以及罪犯猖獗的旅遊勝地現在成為了眾多倫敦窮人娛樂
的好去處。水果販、擦鞋者、報童、商店女員工、女裁縫師、女工人、工
廠職員、英國製造業內的男男女女們都將沙夫茨伯里視為上帝派來人間的
使者。當他逝世時，整個國家都陷入了一片哀傷之中。無論窮人或是富
人、出身顯貴或是低微，都靜靜地跟隨者他的靈柩到了西敏寺。皇室成
員、公爵、議員、商人、政治家、學者、工廠員工、女裁縫師、賣花女、
煙囪打掃者、水果販，還有從這個國家四面八方湧來的勞動者，他們就好
像一家人一樣，共同緬懷這位慈父般的人。

菲力浦·布魯克斯說：「人生的要義在於奉獻 —— 奉獻別人，而不是

118　V·沙夫茨伯里（Shaftesbury, 1671-1713），英國政治家、哲學家、作家。

限於自我。自我是極為狹隘的。我想對剛剛涉世的年輕人這樣說，也想與歷經世俗磨練的成熟人，分享這些。生命並非只是為自我而存在的。正是在奉獻之中，我們的生活得到不斷的昇華。衡量一個人的成功，基本上取決於我們的一生為人類的福祉做出了多大的貢獻。我真的希望自己有能力去說服所有聽眾，讓他們明白奉獻的重要意義。在奉獻之中，我們將自己融入別人的生活之中，別人也成為了我們自身的一部分，你與別人合二為一了。你們共同為人類的美好而不斷努力。只有這樣，我們才能真正地接近上帝，讓神性走進我們的心中。我們並非是要向教宗、教士、教堂等人或機構屈服，而是要有自身的獨立性。我們只須皈依於上帝的足下，就夠了。要想過上真正成功的生活，你不能跳脫出這個世界，然後自娛自樂，什麼事都不做。只顧自己，這並非是奉獻的本義。我們必須放棄自我的存在，讓自己成為這個世界不可分割的一部分，讓自己與別人更加緊密地融合在一起。讓我們的心容納別人吧，奉獻別人，將隱藏於自身的神性顯露出來。讓這種神性的情感不斷擴張，這樣，你將終身受益。任何真正到達偉大的人，無一不感受到自身與整個人類的命運緊緊地連繫在一起。上帝賜予他的東西，他又奉獻給人類。」

　　當然，你有很多名字去稱呼它 —— 慈善、仁慈、博愛、無私、兄弟情義 —— 但這些不同的叫法都不能改變愛的本質 —— 正是這愛的五花八門的表達方式，讓人類創造了最偉大的事情，將人類提升到最高的境界，讓我們擺脫了茹毛飲血的原始生活。

　　科學不斷創造著奇蹟，為我們好奇的雙眼不斷展現一片新的宇宙與世界，按照一定的規律，我們可以讓自然按照我們的意志行事。科學讓隧道穿過高山，河流改變航道，距離被拉近，讓被大洋分離的兩岸緊緊拴在一起。但是，只有愛 —— 以其純化、振奮的影響讓人心為之激昂。在十九

世紀這個人類文明以史無前例的速度前進著的年代，只有愛環繞著整個世界，讓我們向窮人、弱者、悲傷者、受難者伸出援手，讓他們分享人類飛速發展的科技與思想文明所帶來的美好。

「從現在開始，謹遵信念、希望與愛。」聖·保羅寫道，「但三者之中，唯愛最大。」完美的品格基於愛 —— 對上帝之愛，對鄰人之愛。這是在實踐一種法則，一種獲取成功的法則。

亨利·德拉蒙德在聖·保羅的基礎上對愛進行分析時說：「愛有七種成分 —— 耐心、友善、慷慨、謙卑、有禮、無私以及真誠 —— 正是這些成分組成了上天賜予我們的最高禮物 —— 臻於完人。你將會發現，愛與人類、與生活、與熟知的今天或是未來的明日有著不可分割的連繫，而不是虛縹的未知的永恆。我們時常聽到上帝之愛，耶穌基督時常談到對人之愛。我們要與天意和諧共處，讓基督之愛給這個世界帶來和平。

「人類能為上帝所做的最偉大事情，就是對他的子民親切友善。我時常會驚訝地發現，為什麼人類之間就不能和睦共處呢？我們是多麼需要這種共處啊！只須我們即時行動，就可輕易地做到。賜予別人以愛，這是一種無暇的行為，而我們所能給予的遠超出自身的想像 —— 因為，這個世界沒有什麼比愛更加讓人值得憧憬了。愛永遠不會凋謝。愛就是成功，就是生活。『愛，』我願與白朗寧一起說，『就是生命之源。』

「當你驀然回首人生時，就會發現，那些鮮活的時刻，讓你真正感覺自己是在生活的時刻，都是那些你以一種愛的精神去做事情的時刻。當記憶流覽往事時，越過人生所有短暫的歡愉，就會跳到那些最為美妙的時刻，當你能夠在毫不知覺的情況下對別人施與善意，這些事情可能顯得那麼瑣碎與不值一談，但你會覺得，正是這些小事讓自己進入了永恆。一生中，我也算是閱遍了上帝之手所創造的許多美麗事物，我真的很欣賞他加

於人類身上的種種美德。但回過頭審視自己的一生時，我感覺自己似乎站在眾生之外，上帝在我對笨拙地表達愛意或是小小愛的舉動，讓我感到了他的存在。這種短暫的經歷只有四、五次。但讓我深深感到，愛，是生命所必須堅守的。其他的美德是可以預見的，但是愛的行為是默默的，沒人知道其中所潛藏的不朽力量。」

德拉蒙德[119]接著說：「在非洲的中心，在一些面積龐大的湖周圍，我遇到許多黑人男女，他們唯一還記得的白人就是——大衛‧李文斯頓。當你追隨他的腳步，沿著這片曾經黑暗的大陸上行走，當人們談到這位三年前逝世的善良醫生時，臉上總是綻放出微笑。他們也許對他不是很了解，但卻感受到他那顆充滿愛意的心。」世間沒有比愛的善意更持久與讓人感懷了。

「你真的打算駕著這艘小船去迎接大海的風浪嗎？」拿破崙對一位從法國逃出的年輕英國水手說。當這位水手逃到了布倫港口時，他自己用一些樹枝與樹皮做了一艘小船，他準備駕著這樣的船去應對英吉利海峽的巨浪，希望中途能被英國的巡航艦發現。

「如果你同意的話，我會立即上船的。」年輕人說。

「你無疑有一顆愛國的心，你這麼急切地想回到自己的祖國。」拿破崙說。

「我只希望回去見我的母親，她現在年紀大了，生活又貧苦，身體又不行了。」水手說。

「那你就應該回去看她。」拿破崙驚嘆道，「請你代我將這袋黃金送給她。她能培養出這樣一位具有孝心與責任感的兒子，肯定是一位偉大的

119　德拉蒙德（Drummond，即 Henry Drummond, 1786-1860），英國銀行家。

母親。」於是，拿破崙讓這位年輕的水手登上了掛著停戰的旗幟的法國艦艇,，將他送回了英國的艦艇。

愛是打開所有心房的金鑰匙。要想在事業或是生活上取得成功，就必須通過這扇魔法之門。我們要將自身這一強大與充滿能量的愛意施與別人，否則，就難以取得最高層次的成功。你可能是出自一種責任感去關愛那些在大城市的貧民窟或是一些天橋下的流浪漢，或者你就是教會成員，不想對別人不聞不問。不管出於哪些原因，我們都要去救濟這些窮人，教會他們一些知識，讓他們更好地生存下去。但若是你沒有發自內心的一種愛意，那麼你的努力最終也是白費功夫。面對許多人對於第一步該如何去幫助那些，他們從街上發現的流浪漢時，一位救濟會成員說：「首先，我們要學會愛他們。」這句話是救濟會迅速發展壯大的祕密。

無論你從事什麼工作，無論命運對你開了多大的玩笑，如果你不能以愛待人，你的生活就是一種負累，讓人感到了絕望的深淵。真正成功的老師，是不會只為了薪水而工作的，不是因為可能的恐懼而保持自律，或是迫使學生去學習，否則就讓他們遭受懲罰。相反，他為了學生的未來而憂心忡忡，掛心自己的工作，至少以一顆寬廣的心去試著幫助那些幼小的心靈。愛讓能力倍增。愛有一種直覺的能力。若是沒有這種能力，它是難以直抵我們靈魂深處的。一個成功的牧師必須受制於一種讓人向上的力量。他必須有愛心，否則難以提升別人的心靈。一位真正的律師不僅要熱愛法律，更要熱愛真理與公正，他必須更加關注顧客的需求，而不是自身的收入或是名望。

康維爾[120]說：「當我在耶魯大學讀法律時，有一位家境貧窮的同學。

---

120 康維爾（Conwell，即 Russell Herman Conwell, 1843-1925），美國演說家、慈善家。

他的衣服顯得有點破舊。但我很喜歡這位同學，雖然我與他很少來往。我之所以對他有一種關愛，是因為他出身於貧窮家庭，但仍然有著強烈的求知欲。我想，如果我處在他的情況，他也會這樣對我的。當他在耶魯讀法律時，他的夢想就是成為一位法官。這是他的一個堅定目標。但他的父親對此堅決反對，他只能帶著幾件衣服就離開了家。他努力工作，累積了一些錢，抓緊時間來獲取知識。由於他半工半讀，所以他上不了每節課，他的同學給予了他幫助。同學們將在課堂上記錄的筆記借給他。他熱愛法律，盼望著有朝一日能夠成為一名律師。他熱愛公正，熱愛真理。當別人看到他的決心時，就會說：『他必將會取得成功。』現在，他成為了最高法院的大法官。他之所以取得這樣的成就，雖然與別人的幫助分不開，但是與他對工作的熱愛是分不開的。」

　　讓這個貧窮的年輕人奮起的精神，就是對工作的熱愛，對真理與公正的期盼，以一顆無私的心去推動人類共同的利益不斷前進。保持一份愛，這就是我們任何事業取得成功的最大保障。無論你成為一名科學家、演講者、物理學家或是造船者、老師或是醫生；愛，就是你所能給予這個世界最好的禮物。如果你為了自己的欲望而將別人踩於腳下，你很難感受真正的人生樂趣。

　　「你們可能認為為了自我是一種不斷激勵我們前進的方式，」懷特·瑪律維爾說，「但我要告訴你，正是對自我的克制才讓我們做出一系列高尚與善良的舉動，為這個世界增添光彩，讓其顯得更加美麗。」

　　正是一種悲天憫人的愛讓佛羅倫斯·南丁格爾離開了富裕的家庭、親愛的朋友以及原先的舒適與幸福，冒著生命危險在戰場上搶救傷患，在被瘧疾肆虐的克里米亞關愛病人。

內戰期間，在弗雷德里克斯堡戰役中，數百名受傷的聯軍士兵只能躺在戰場上，他們呻吟著要喝水，但是只有敵人隆隆的炮聲回答。最後，一位來自南方的士兵無法忍受這樣的場面，他懇求長官讓他去拿水給這些受傷者。長官告訴他，如果他一走到對方的炮火之下，就會當場喪命。但是，這些傷者的呻吟聲在他耳中已經淹沒了炮彈的聲音。他從這些死傷者中走出來，不顧自己的生命去為傷者取水。雙方的士兵們都傻眼了，看著這位英勇的士兵毫不顧忌槍林彈雨。他將取來的水一個個遞給受傷的士兵，讓他們乾裂的嘴唇能夠喝到水。聯軍士兵被這位不顧敵軍炮火的英勇年輕人感動了。他們與盟軍都停火了一個半小時。在這段時間裡，這個年輕人走遍了整個戰場，讓那些口渴的傷患喝水，將他們受傷的肢體擺正，將背包放在受傷者的頭部，給他們輕輕蓋上衣服與外套，好像這些就是他的好兄弟。

蘇格拉底說：「在愛誕生之前，許多恐懼由於我們自身的匱乏而占據著心靈。當上帝駐足於我們心間，所有的這一切都被消除了。」

因為愛正處於一種成長的階段，所以許多恐懼之事得以繼續在這個世界上為所欲為。因為人類仍處於「童年」階段，所以恐懼、憤怒、仇恨、野蠻、自私以及自大都以最原始的方式展現出來。人類的道德仍還處於最原始的階段，為了自身的利益，不顧兄弟情義，囤積他們用不上的金錢。這都是因為他們還沒有意識到愛是什麼。愛的本質就是奉獻。我們自身邪惡的欲念要受到嚴格的控制，不能任其氾濫。若是人類都明白了愛的本義，那麼，這個世界將再也沒有戰爭、仇恨、陰謀或不擇手段超越別人的欲念。人類的所有低等卑鄙的欲念都會在神性的力量下顫抖與羞愧。

愛是宇宙的一種建設性力量。有愛的地方，我們就能建構起生活的脊梁，讓歡樂與美麗成為其堅實的結構。愛，讓落魄者免於潦倒，讓跌倒者

不再哭泣，讓絕望的人看到希望的曙光，向沉悶與無聊的生活投下光明，讓弱者的身心得到照顧，為疲憊的旅者壓平崎嶇的道路。愛，總是以無所不在的存在 —— 教會人類如何面對生活。

在一個鄉村的公墓上，一塊白色的石頭下就是一個小女孩的墳墓。石頭上刻著這樣幾個字：「她的小夥伴這樣說她：與她在一起時，人就會向善。」這些簡潔的話語就濃縮了一個短暫生命但充滿美麗的故事。這個小女孩身上彰顯了基督之愛。這就是走向完美生活的唯一祕密。愛驅使著我們向善。即使一個人跌落谷底，仍有機會再次爬升，因為他無法抵擋愛的呼喚。瑪麗·馬格德林的靈魂被上帝之愛所感化，最後，這位罪人成為了聖人。尚萬強（Jean Valjean），這位維克多·雨果書中不朽的傳奇，由於社會的種種壓迫而犯罪，但在一位善良的主教愛的感化下洗心革面，重新做人，最後成為一位富人，並將自己的後半生都投入為人類的服務之中。伊莉莎白·弗賴（Elizabeth Fry）在英國監獄裡工作時，讓那些早已被世人遺忘的牢友們重新燃起了希望與勇氣，將那股被他們忘懷許久的行善勇氣激發出來。若是沒有這位具有善心的人出現，他們也許永遠也不知道什麼是愛了。她身上的基督之愛，可從她對一位同伴的回答中展現出來。當這位同伴看到她對一位被關在倫敦西區的女子監獄的朋友友善相待時，就問她這位朋友到底犯了什麼罪。「我不知道。」弗賴女士說，「我從沒有問過她這個問題。人非聖賢，孰能無過。」在我們這個時代，莫德·巴靈頓·布斯讓許多男男女女重新獲得了尊嚴，讓全世界的工人們獲得了應有的地位。要是沒有她的努力，他們可能早就被這個虛偽的社會逼得要去犯罪了，最後又被政府將他們抓進監獄，延續這種惡性循環。

當代一些最著名的慈善家都對窮人懷有深深的愛。

「五年前，布列塔尼的一位年輕助理牧師突發奇想。」一位作家最近說，「他自己沒有能力去幫助窮人，因為他的年薪才只有八十美元，他的朋友們都在貧窮中掙扎著。他的這個想法很簡單，但聽起來又有點荒唐，那就是窮人應該幫助窮人。這位熱心的年輕人說服了三個婦女去幫助他。其中兩人是做裁縫，另一人則是做僕人。這四個人都同意將他們的薪資用來開始一項新的實驗。」

「所以，在聖‧塞爾文的貧窮大街上，許多貧窮的人被集合起來了。在一個破爛的閣樓裡，第一批領取養老金的是兩位老婦人，她們得到了妥善的照顧。珍妮‧茱根是這一團體的第一位發起人。」

「正是那位年輕助理牧師的一個看似荒謬的想法，讓貧窮的人們自我幫助。在那間破舊房子裡的行為，拉開了近代宗教與慈善活動轟轟烈烈的運動。耶穌基督的出身也是極為卑微的。時至今天，在整個歐洲大陸上，有超過二百五十個分支機構，每天為超過三萬三千名貧窮的老年人提供食物與庇護。」

在今天，在大城市裡，我們時常可以看到許多姐妹會的成員們提著籃子或是推著小車在街上救濟窮人的情景。阿貝‧勒‧佩勒爾在生前看到了他當年的夢想成為了現實。

大約在兩年前，一位名叫安妮‧麥當勞的製衣工在紐約死去。她將自己所留下的價值二百美元的財產，全部用於為失能兒童建立房子的計畫之中。當時，許多慈善機構都在幫助窮人，但是在大城市茫茫人群中的那些失能兒童卻被忽視了。這位製衣工想起了要為這些孩子提供幫助，為此，她將二百美元投入這項慈善事業之中，還有一個人捐款了二千美元，因此成立了黛西‧菲爾德斯慈善會。在著名的巴里塞德斯岩壁之後，離哈德遜

河不遠處，是一片廣闊的土地，這裡，夏天長滿了雪白的雛菊，冬天則覆蓋著白雪，矗立著一座面積不大的醫院。這座醫院收留著許多失能的兒童，他們在這裡不會被送走。在他們被治好或是能自力更生之前，都會得到這裡的庇護。

但對於生活貧窮的蘇菲·萊特老師來說，紐奧良這個地區根本沒有為年輕男女提供免費的夜間課程的機會。她當時只有十六歲而已，但從十二歲起，她就自立了。她親眼看到紐奧良地區許多年輕男女們失去了接受教育的機會。她曾嘗試說服一些公立學校去讓這些學生上夜校，但以失敗告終。於是，她向這些輟學的學生們敞開自家大門，讓他們接受教育。在白天忙碌地教書之後，在晚上，她出於一種善意，義務去教這些學生。她呼籲別人參加這種義務教書的活動，得到了熱烈的響應。現在，接近一千名學生參加她創建的學校。有的一家老小一起上課，有的年過半百，有的還只是小孩子，他們都坐在同一間教室裡。入學的唯一要求就是，他們的確是窮得沒錢上學了，而且有著強烈的求知欲望。許多成年人與孩子都是赤腳過來上課的。她與其他的教師都想盡辦法去為他們買鞋子與書籍。透過一些朋友的慷慨解囊，她不斷地擴大該學校的規模。一年年過去了，她的學校具有的課程，包括繪畫、描摹、黏土製模、音樂、記帳的全面課程以及其他的教務工作。

每個人應該都對德國裔英國籍的慈善家喬治·慕勒（George Muller）有所了解吧。他於十九世紀上半葉在阿斯利·坦斯這個地方開辦了一間著名的孤兒院。他剛開始沒有錢去創辦這樣的機構，但是他對窮苦、無家可歸的孤兒們的愛，讓他堅信一點，上帝一定會讓這樣的事業繁榮起來的。這個偉大的機構，可以說是他的愛與信仰的產物，讓數以千計的孤兒得到庇護之所，而資金的來源則完全是人們自願的捐款。

這些善良的心靈，一心只想著別人，沒有顧念自己，卻實現了
O.B. 弗洛辛厄姆所說的真理：「秉持一顆寬廣之心，想想自己應如何去服
務別人。這樣，你自然就會慢慢成長。屬於你的份不會被別人搶去。你的
身上將散發出一種力量。盡力從善，做到最好。」

將友善、愛與仁慈傳播給任何與我們交往的人，這樣，人們是不會忘
記的。沙夫茨伯里、庫珀、皮博迪與慕勒等人，並不需要銅像或是大理石
的雕像來讓人們銘記他們的名字。這些慈善家的名字已經深深嵌入了國民
的心中。他們所做的工作，鑄就了最為堅固的紀念碑。他們的芳名流傳百
世，在他們工作中，得到幫助的受益者心中永世流傳。

我們應以別人行為的結果來認識他們。一個人的生命若是能結出善意
的果實，這是我們得到上帝青睞的唯一方式了。

傳說有一位世外隱士，他在堤博多的山洞裡住了六十年，在那裡齋
戒、祈禱以及苦修，花上一輩子的時間想與上帝有所接近，這樣他就可以
在天堂確保自己的一席之地。但他卻仍不知道何謂真正的神聖的舉動。
某晚，一位天使對他說：「如果你想在道德或是聖潔方面上超越別人，那
就試著去模仿那位挨家挨戶乞討與唱歌的吟遊詩人吧。」這位隱士聽後感
到很不滿，於是找到了這位吟遊詩人，質問他為什麼會更受上帝的恩寵。
詩人低下頭回答說：「我的天父，不要嘲笑我。我從沒有做過善事。我連
祈禱的權利都沒有。我只是挨家挨戶地用我的提琴與橫笛來取悅別人而
已。」

隱士堅稱，他必然是做了某些善事。詩人回答說：「我沒有。我並不
覺得我做了什麼善事。」

「但你為什麼會變成一個乞丐，難道你肆意地揮霍了財富嗎？」

「不是的。」詩人回答說，「我曾看到一位貧窮的婦女在大街上到處遊蕩，神情恍惚，因為她的丈夫與兒子都被賣去做奴隸還債了。我將她帶回家，以免讓她落入惡魔之手，因為她的相貌挺不錯的。我將自己的全部身家都給了她，讓她贖回丈夫與兒子，重新組成家庭。難道別人碰到這樣的情況，不會像我這樣做嗎？」

隱士落淚了。他說，在自己的一生中所做的事情，都比不上這位貧窮的吟遊詩人。

豪厄爾斯（Richard Howells）說：「我認為，人生並不能為了永無止盡的個人欲望而奮鬥，而是應為全人類的幸福而不懈努力。這才是最大的成功所在。」這不過是對耶穌基督以下這句話的解讀而已：戚戚於自身之人，最終失去；忘我付出之人，終能收穫。過分關注自我的男女是很難感受到人類憐憫之情所帶來的震撼之感，無法從一個善舉中汲取靈魂的養分。這些人失去了一個凡人所能享受的最高級享受。喬治‧柴爾斯將自己光榮勞動獲取的財富看作一筆應造福於人的金錢，只不過這些錢只是暫由自己保管而已。他說：「如果別人問我，在我的一生中，什麼事情最能帶給我無限幸福的話，我的回答就是向人行善。」在另一場合上，他說：「我覺得，小孩子從小就應被教育要施與，與朋友分享他們的所有。如果他們在這種氛圍下成長，就很容易養成慷慨的性格，否則，他們的天性更容易趨向卑鄙的一面。而卑鄙會逐漸吸乾我們的靈魂。」

拉斯金說：「人有義務去愛別人，否則，我們就沒有其他途徑去償還對上帝所欠下的愛與關懷。」

如果你真的沒有什麼可施與，你也可以用自己善言善舉去幫助別人。這不需一分一毛，卻可以給別人帶來快樂，同時讓自己的品格得到洗滌與昇華。

塞勒斯只給了廷臣阿爾塔巴佐斯一杯黃金，但卻給了他最喜歡的克里山德斯一個吻。因此，廷臣說：「陛下，你給我的一杯黃金比不上你給克里山德斯的一個吻。」無論我們年齡多大，地位高下，每個人的心中都渴望著愛。良言與憐憫通常都能比單純的物質更讓我們感動。

若是我們的施與沒有愛的成分，就是徒有虛影而已。不僅達不到施與的本意，反而傷害了施與者與接受者。聖保羅說：「即使我將所有的食物都拿去救濟窮人，讓自己為別人操心，但若是沒有愛，於我而言，仍是一無所獲。」

愛在善意與謙遜的舉止中顯得奪目耀眼。只要心中有愛，我們的行為自然就會得體。我們可以讓一位沒有接受過教育的人與上流人物交往，只要他的心中有愛，就不會顯得不得體。但是，他們卻不願意這樣。卡萊爾在談到羅伯特·伯恩斯[121]時，稱歐洲大陸沒有比這位農民詩人更純正的紳士了。這是因為他真的熱愛一切事物——田野上的老鼠與雛菊，以及上帝創造的大小事物。正是懷著這種簡單與謙卑之心，他能與任何人融洽相處，可以進入宮殿，也可安然地待在位於埃爾河畔的小木屋裡。

愛具有一種使人振奮的力量，讓所有擁抱它的人都能提升到應有的層次。世上唯一能讓農夫與國王都感到幸福的，只有愛。若有愛，茅草之屋如繁華的宮殿，沒有愛，宮殿變茅草。湯瑪斯·坎普斯說：「沒有比愛更加甜蜜的了，這個世上沒有比愛更加勇敢、崇高、寬廣、愉悅與圓滿了。因為愛居於善良之中，只能棲息於上帝懷中，卻創造世間萬物。」

---

121 羅伯特·伯恩斯（Robert Burns, 1759-1796），蘇格蘭著名的農民詩人。

贏家格局：

自我尊重 × 果敢應對 × 抓住機遇 × 善用時間，擺脫失敗的 17 項人生建議，奧里森‧馬登談成功者

作　　者：[美] 奧里森‧馬登（Orison Marden）

翻　　譯：郭繼麟

發 行 人：黃振庭

出 版 者：財經錢線文化事業有限公司

發 行 者：財經錢線文化事業有限公司

E-mail：sonbookservice@gmail.com

粉 絲 頁：https://www.facebook.com/sonbookss/

網　　址：https://sonbook.net/

地　　址：台北市中正區重慶南路一段六十一號八樓
　　　　　815 室

Rm. 815, 8F., No.61, Sec. 1, Chongqing S. Rd.,
Zhongzheng Dist., Taipei City 100, Taiwan

電　　話：(02)2370-3310

傳　　真：(02)2388-1990

印　　刷：京峯彩色印刷有限公司（京峰數位）

律師顧問：廣華律師事務所 張珮琦律師

定　　價：330 元

發行日期：2023 年 06 月第一版

◎本書以 POD 印製

國家圖書館出版品預行編目資料

贏家格局：自我尊重 × 果敢應對
× 抓住機遇 × 善用時間，擺脫失
敗的 17 項人生建議，奧里森‧馬
登談成功者 / [美] 奧里森‧馬登
（Orison Marden）著，郭繼麟 譯 .
-- 第一版 . -- 臺北市：財經錢線文
化事業有限公司 , 2023.06
面；　公分
POD 版
譯自：The making of a winner
ISBN 978-957-680-645-2(平裝)
1.CST: 成功法 2.CST: 生活指導
177.2　　112006464

電子書購買

臉書